Christian von Soest

Sanktionen

Christian von Soest

Sanktionen

Mächtige Waffe oder hilfloses Manöver?

Frankfurter
Allgemeine
Buch

Bibliografische Information der Deutschen Nationalbibliothek
Die Deutsche Nationalbibliothek verzeichnet diese Publikation in der Deutschen Nationalbibliografie; detaillierte bibliografische Daten sind im Internet über http://dnb.d-nb.de abrufbar.

Frankfurter Allgemeine Buch
Pariser Straße 1
60486 Frankfurt am Main

Umschlag: Nina Hegemann
Titelfoto: © Adobe Stock/tamayura39
Satz: Jan Walter Hofmann
Druck: CPI books GmbH, Leck
Printed in Germany

1. Auflage
Frankfurt am Main 2023
ISBN 978-3-96251-165-4

Frankfurter Allgemeine Buch hat sich zu einer nachhaltigen Buchproduktion verpflichtet und erwirbt gemeinsam mit den Lieferanten Emissionsminderungszertifikate zur Kompensation des CO_2-Ausstoßes.

Inhalt

Abbildungen

Das Zeitalter der Sanktionen

Sanktionen sind hoch umstritten und doch allgegenwärtig. Sie spielen eine zentrale Rolle für das menschliche Zusammenleben und in der internationalen Politik. Mit der Unterbrechung von Handels- und Finanzströmen gehen Europa, die USA und die Vereinten Nationen gegen Kriege, Terror, Atomwaffen, Cyberangriffe und Menschenrechtsverletzungen vor. Wir leben im Zeitalter der Sanktionen: Niemals zuvor in der Geschichte der Menschheit wurde dieses Instrument so häufig eingesetzt, noch nie wurden so viele Ziele ins Visier genommen. Im Augenblick stehen 70 Länder unter Sanktionen, ungefähr 200 verschiedene Sanktionsprogramme sind in Kraft (siehe Abbildung 1).[1] Nach Schätzungen eines UN-Sonderberichterstatters lebte 2015 ein Drittel der Menschheit in Staaten, die mit Zwangsmitteln belegt sind.[2] Die Vereinigten Staaten von Amerika, die Europäische Union und ihre westlichen Partner sind dabei die mit Abstand aktivsten Nutzer von Sanktionen: Durch wirtschaftlichen Druck wollen sie ihre Gegner zum Kurswechsel zwingen. Der Trend ist ungebrochen. Von 2000 bis 2021 hat sich die Zahl der vom US-Finanzministerium verhängten Strafen fast verzehnfacht.[3] Die EU führt mittlerweile 48 Sanktionsprogramme und hat 33 Staaten ins Visier genommen.[4]

Ohne Sanktionen können wir die heutige internationale Politik nicht verstehen. Schon längst wirken sie als zentrales Werkzeug des immer stärker werdenden Großmachtkonflikts zwischen den USA und der Volksrepublik China. Regierungen aus Afrika, Asien, Lateinamerika und dem Nahen Osten kritisieren die Zwangsmaßnahmen vehement als Ausdruck westlicher Anmaßung und des imperialen Strebens, andere Staaten in die Knie zu zwingen. Für viele Staaten des globalen Südens

Abbildung 1: Sanktionierte Staaten seit 1990

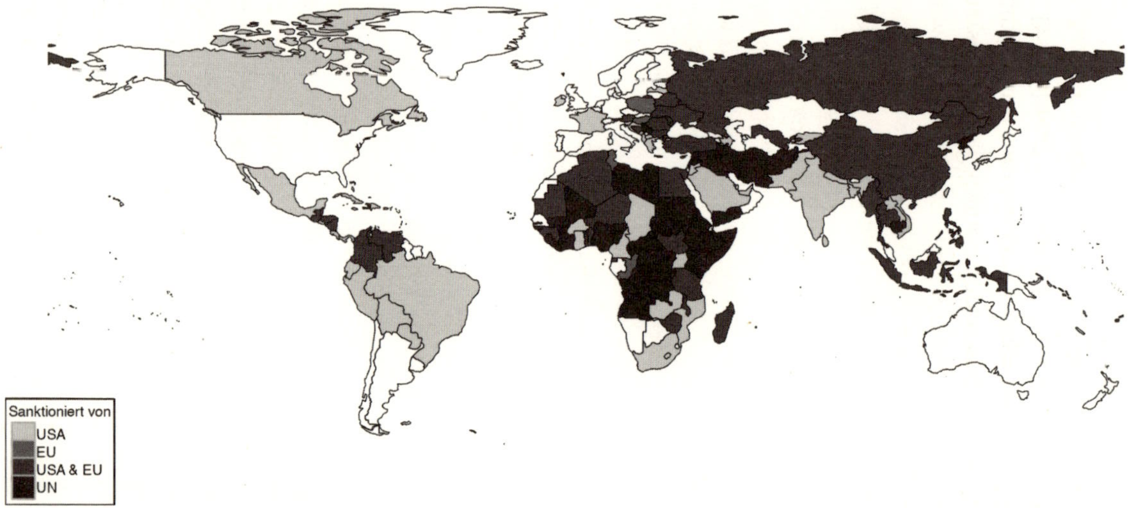

Sanktionen der EU, der USA und der Vereinten Nationen.

Daten: Global Sanctions Data Base[5]

sind nur Sanktionen der Vereinten Nationen als höchstem Organ der Weltgemeinschaft legitim. Gleichzeitig verhängen Regionalorganisationen wie die Afrikanische Union zunehmend Strafen gegen eigene Mitglieder, die die Regeln der Gemeinschaft verletzen – zum Beispiel im Fall eines Militärputsches. Aber auch der Westen ist keineswegs eins: Schon lange stehen die USA formal unter europäischen Sanktionen, während die Großmacht ihrerseits Druck ausübt, damit sich Drittstaaten – auch Deutschland – an ihren wirtschaftlichen Daumenschrauben wie denen gegen Iran und Syrien beteiligen.

Seit Beginn von Russlands völkerrechtswidrigem Angriff auf die Ukraine im Februar 2022 ist das Thema Sanktionen wieder in aller Munde und werden ihre Wirkungen kontrovers diskutiert. Die Debatte scheint dabei oft nur zwei unversöhnliche Lager zu kennen: Einerseits diejenigen, die Sanktionen für anmaßend, teuer und völlig nutzlos halten. Nach deren Ansicht „bringen Sanktionen sowieso nichts". Demnach sollten wir am besten ganz auf die Zwangsmittel verzichten. Auch in der Forschung ist die Skepsis weitverbreitet. Während eine prominente Studie ungefähr zwei Drittel aller Sanktionen für Fehlschläge hält,[6] gehen andere Wissenschaftlerinnen und Wissenschaftler von einer noch viel höheren Misserfolgsquote aus. Die Gegenseite verbindet mit der Wirtschaftswaffe dagegen völlig überzogene Erwartungen. Wie ist es anders zu erklären, dass Kritiker wiederholt die harten Sanktionen gegen Russland anzweifeln, weil diese offensichtlich nicht den russischen Vormarsch in der Ukraine stoppen und Russlands Präsident Wladimir Putin zum Rückzug zwingen konnten? Doch sowohl die „Pessimisten" als auch die „Optimisten" zeichnen ein Zerrbild dieses zentralen Machtmittels der internationalen Politik.

Wichtig ist: Sanktionen haben immer mit Menschen zu tun, sie betreffen uns direkt. Sie bestrafen gravierendes Unrecht und von Machthabern verursachtes unermessliches Leid, wie 2014 den Abschuss des Passagierflugzeugs MH-17 durch russisch kontrollierte Truppen über der Ukraine. Bei dem Absturz kamen mehr als 300 Menschen ums Leben, die auf dem Weg von Amsterdam in den Urlaub nach Malaysia waren. 2018 wurde der Regimekritiker Jamal Khashoggi in Saudi-Arabiens Konsulat in Istanbul grausam ermordet, während seine ahnungslose Verlobte vor dem Gebäude stundenlang und zunehmend verzweifelt auf ihn wartete. Der Bombenanschlag auf die Berliner Diskothek La Belle riss Mitte der 1980er-Jahre drei junge Menschen aus dem Leben, weit mehr als 100 wurden schwer verletzt. Mit Sanktionen antworten westliche Staaten auch auf die erzwungene Landung des Ryanair-Fluges 4978 in der belarussischen Hauptstadt Minsk am 23. Mai 2021. Belarussische Sicherheitsbeamte leiteten den Linienflug um, holten den regimekritischen Blogger Roman Protassewitsch und seine Freundin sofort nach der Landung aus dem Jet und nahmen sie fest. Der damals 26-Jährige hatte es gewagt, den belarussischen Diktator Alexander Lukaschenko öffentlich zu kritisieren und von ihm demokratische Reformen und den Schutz der Menschenrechte zu fordern. Jedoch werden Sanktionen nicht nur als Reaktion auf wahrgenommenes Unrecht genutzt: Im Großmachtkonflikt zwischen den USA und China etwa setzen sie beide Seiten zunehmend als wirtschaftliches Machtmittel ein.

Ich forsche seit mehr als zehn Jahren zum Einsatz und zur Wirkung von internationalen Sanktionen. Mithilfe eines Datensatzes habe ich Hunderte Sanktionsfälle untersucht und mit Interviews die Perspektive in sanktionierten Ländern, zum Beispiel in Simbabwe im südlichen Afrika, nachverfolgt. In diesem Buch möchte ich Ihnen zentrale Erkenntnisse der sozialwissenschaftlichen und insbesondere politikwissenschaftlichen Sanktionsforschung anschaulich näherbringen. Ich möchte die Vorteile und Fallstricke dieses zentralen Machtmittels der internationalen Politik diskutieren und damit zu einer besser informierten und sachlicheren Diskussion beitragen. Mein Anliegen ist es dabei nicht, festzustellen, ob Sanktionen per se gut oder schlecht sind. Stattdessen möchte ich ergründen, in welchen Fällen die Zwangsmittel funktionieren und in welchen Fällen sie scheitern. Auf der Grundlage eigener Forschung und der Ergebnisse von Kolleginnen und Kollegen beantworte ich die Frage, was westliche Staaten, also auch Deutschland, mit Sanktionen erreichen können. „Den Westen" betrachte ich dabei weniger als ein geografisches Konstrukt, sondern als eine lose Gemeinschaft von Demokratien, die häufig gemeinsam auftritt und Werte wie den Schutz der Menschenrechte vertritt (aber dabei durchaus widersprüchlich handelt).

Drei Argumente leiten meine Untersuchung in diesem Buch.

Erstens: Es geht nicht ohne Sanktionen. Sie erfüllen eine wichtige Ordnungsfunktion und ihre Bedeutung wird in nächster Zeit noch weiterwachsen. Aber sie sind kein Wundermittel und damit keine Lösung für jedes außenpolitische Problem. Die Zwangsmittel schaffen ein zentrales Paradox: Damit die Unterbrechung von Handels- und Finanzströmen sowie Einreiseverbote und Kontensperrungen wirkt, müssen Staaten miteinander verflochten sein. Menschen müssen miteinander Handel treiben, investieren, zu ihren Verwandten und Freunden ins Ausland reisen. Ohne Verbindungen keine Wirkung. Sanktionen kappen aber gerade diese Verbindungen – sie haben systemische Wirkungen. Bei harten und „ewigen"

Strafen, wie den US-Maßnahmen gegen Kuba (seit 1960) und Iran (seit 1979), können die Vereinigten Staaten selbst kaum mehr Einfluss nehmen. Der Westen muss Sanktionen deswegen sparsam einsetzen.

Zweitens: Sanktionsmächte müssen ihre Zwangsmittel umsetzen und Schlupflöcher schließen. Es klingt banal, aber damit Sanktionen wirken (können), müssen sie entschlossen durchgesetzt werden. Sanktionsziele versuchen auf jede erdenkliche Weise, die Zwangsmittel zu umschiffen, weiter zu exportieren und auf gesperrte Produkte und Gelder zuzugreifen. Westliche Regierungen und Behörden – auch in Deutschland – müssen deswegen noch mehr in die Umsetzung ihrer Strafen investieren.

Drittens: Sanktionen haben gravierende Risiken und Nebenwirkungen. Umfassende Strafmaßnahmen treffen die Menschen in sanktionierten Staaten wie Iran, Belarus, Kuba, Venezuela oder Nordkorea unmittelbar. Die Machthaber können sich dagegen vor den Konsequenzen schützen und die Strafen aus dem Ausland teilweise sogar zu ihrem Vorteil wenden. Die Strafmaßnahmen sollten deswegen möglichst zielgenau ausfallen und die politische Elite und von ihr kontrollierte Wirtschaftsbereiche in den Blick nehmen. Europa, die USA und ihre Partner müssen die Wirkung ihrer Zwangsmittel ständig und genau kontrollieren und die eingesetzten Mittel bei Bedarf anpassen, lockern oder ganz beenden. Die Bundesregierung und die Europäische Union brauchen deswegen dringend eigene Maßstäbe zur Verhängung und Aufhebung von Sanktionen.

In diesem Buch bin ich den Wirkungen von internationalen Sanktionen auf der Spur und lege den Schwerpunkt bewusst auf die gesellschaftlichen, wirtschaftlichen und politischen Prozesse in den Sanktionsmächten und Zielstaaten wie

Russland, Iran oder Simbabwe. Ich gehe in drei Schritten vor. Zunächst stelle ich die vordergründig einfache Frage, warum es überhaupt Sanktionen gibt. Wozu brauchen Gesellschaften Zwangsmittel? Ich untersuche außerdem die Geschichte der internationalen Sanktionen anhand historischer Fälle. In einem zweiten Schritt analysiere ich die Vorteile und Fallstricke von Sanktionen: Wie nützlich sind sie, welche Erfolgsfälle gibt es? Ich untersuche das schärfste Schwert – Finanzsanktionen – und jene Strafen, die sich direkt gegen Verantwortliche wie Russlands Präsident Putin oder Nordkoreas Kim Jong-un richten. Bereits ein flüchtiger Blick auf Sanktionen zeigt, dass der Westen mitnichten immer geeint auftritt – die USA, Europa und Deutschland verfolgen stets auch eigene Interessen. Gleichzeitig halten westliche Staaten aber keineswegs – wie gelegentlich behauptet wird – das Monopol auf Zwangsmaßnahmen. Zunehmend setzt auch die Volksrepublik China mit dem Machtmittel andere Staaten unter Druck.

Im dritten Schritt werfe ich einen Blick in die Zukunft und frage, ob Sanktionen als zentrales Machtinstrument der internationalen Politik auch zukünftig noch taugen und welche Alternativen es gibt. Die umfassenden Sanktionspakete gegen Russland geben wichtige Hinweise. Ich stelle sieben Empfehlungen vor, die Europa und Deutschland bei der Verhängung und Aufhebung von Sanktionen in der Zukunft leiten sollten.

Ich möchte mit diesem Buch neue Einsichten in die Wirkung von Sanktionen geben: Einem zentralen Machtmittel der internationalen Politik, das enorme Bedeutung für uns, unser Verhältnis zu anderen Staaten und tiefgreifende Auswirkungen für die Menschen in den ins Visier genommenen Ländern hat.

1 Warum überhaupt Sanktionen?

Sanktionen sind enorm wichtig für das Zusammenleben in menschlichen Gemeinschaften und Gesellschaften. Bevor ich den Blick auf Sanktionen als zentrales Machtmittel der internationalen Politik richte, schaue ich mir an, wie sich Wissenschaftsdisziplinen wie Psychologie, Kriminologie, Erziehungswissenschaft oder Völkerrecht mit der Rolle von Strafen und Sanktionen auseinandersetzen. Ausgangspunkt ist die Tatsache, dass wir Menschen soziale Wesen sind, die sich in Gruppen organisieren. Gruppen brauchen Spielregeln für das Zusammenleben. Jedoch handelt der Mensch nicht nur vernunftbegabt, wie Immanuel Kant sagen würde. Schnell gilt in Gruppen und zwischen Staaten das Recht des Stärkeren. Unnachahmlich hat das im 17. Jahrhundert der Philosoph Thomas Hobbes zusammengefasst. In seinem angenommenen Naturzustand, dem „Krieg aller gegen alle", ist das Leben, „einsam, arm, böse, brutal und kurz".[1] Es braucht deswegen nicht nur feste Regeln des Zusammenlebens und eine Instanz wie den Staat (bei Hobbes ist das der „Leviathan"), sondern Konsequenzen, wenn Menschen die gemeinsamen Normen und Regeln verletzen und anderen schaden. Sanktionen sind also Bestrafungen für ein unerwünschtes Verhalten.

Die Frage nach der Wirkung von Strafen ist ein klassisches Untersuchungsobjekt für unterschiedliche Zweige der Psychologie, zum Beispiel die Entwicklungs- und Sozialpsychologie. In Verhaltensexperimenten haben Forscherinnen und Forscher immer wieder nachgewiesen, dass Sanktionen den Grundstein für gesellschaftliche Kooperation legen.[2] Wir Menschen versuchen, durch unser Verhalten Strafen zu verhindern. Wenn wir mit Konsequenzen für Normverletzungen wie Diebstahl oder Gewalt rechnen, halten wir eher gesellschaftliche Normen ein. Verhaltensexperimente zeigen, dass der „Schatten der Sanktionen“, also die Aussicht auf Strafen, eine wichtige Rolle für das Zusammenleben spielt.[3] Die Bestrafung kann dabei auf zwei Wegen erfolgen: Entweder muss ein Gesellschaftsmitglied zusätzliche Pflichten erfüllen („positive Bestrafung“) oder ihm werden bestehende, lieb gewonnene Mittel oder Annehmlichkeiten entzogen („negative Bestrafung“). Wenn Sanktionen ohne Ausnahme und schnell auf unerwünschtes Verhalten folgen, sind sie am wirksamsten. Schließlich weist die „Social Learning Theory“ auf einen weiteren nahe liegenden Mechanismus hin, das „Observational Learning“: Wir lernen nicht nur, wenn wir selbst bestraft werden (oder positive Rückmeldungen bekommen), sondern auch, wenn wir beobachten, dass Strafen gegen andere ausgesprochen werden.[4]

Kooperation und Bestrafung für abweichendes Verhalten sind damit zwei Seiten einer Medaille – in den allermeisten (und allerbesten) Fällen halten wir uns an die Regeln des Miteinanders. Allerdings sollten wir nicht vergessen, dass Anreize und sanftes „Nudging“[5] erwünschter und gesellschaftlich wahrscheinlich wirksamer als Strafen sind. Harte Sanktionen und ständige Überwachung können tief sitzende Angst verbreiten und unterwürfiges Verhalten zur Regel machen: Niemand wagt dann mehr, staatliche und gesellschaftliche Regeln überhaupt zu hinterfragen. Die Macht der Sanktionen reicht dabei über die eigentliche Bestrafung hinaus. Sie zeigen an: „Mit diesem Verhalten hast du dich außerhalb der Gemeinschaft gestellt, du gehörst nicht mehr dazu.“ Sanktionen schaffen damit In-Groups und Out-Groups. Das wiederum stärkt mitunter den Zusammenhalt der eigenen Gruppe.

Auch für Kriminologinnen und Kriminologen sind die Effekte und Schattenseiten von Strafen wie Gefängnisaufenthalte, Geldzahlungen und gemeinnützige Arbeit ein zentraler Untersuchungsgegenstand. Diese Art von Sanktionen soll dabei nicht nur für den Ausgleich der Schuld sorgen, sondern erneute Straftaten verhindern („Spezialprävention") und andere mögliche Täterinnen und Täter abschrecken („Generalprävention"). Die empirische Kriminologie zeigt dabei, dass besonders harte Strafen die Gefahr eines Rückfalls nicht wirksamer verringern als weichere Mittel.[6] Viel bedeutsamer ist, dass die Sanktionen genau auf die Tat, die Lebensumstände und die Besonderheiten der Täterin oder des Täters zugeschnitten sind.

Aus anderer Perspektive nähern sich Völkerrechtlerinnen und Völkerrechtler Sanktionen als Mittel der internationalen Politik. Ihnen geht es nicht um einzelne Gesellschaftsmitglieder, sondern um die Frage, ob und wann Staaten Sanktionen gegen andere Staaten erlassen dürfen. Sanktionen verstehen sie dabei als „Zwangsakt ..., der als Reaktion auf eine bestimmte Handlung oder Unterlassung gesetzt wird".[7] Anders als innerhalb eines Staates gibt es international keine festen Instanzen wie die Polizei, die Staatsanwaltschaft und die Gerichte, die das Recht direkt durchsetzen. Am nächsten kommen solchen Instanzen die Vereinten Nationen, die seit dem Ende des Zweiten Weltkriegs 1945 für die Aufrechterhaltung des internationalen Friedens und der Sicherheit sorgen sollen. Nach Artikel 41 ihrer Charta kann der Sicherheitsrat der Vereinten Nationen bindende Maßnahmen, die nicht bewaffneten Zwang beinhalten, erlassen (interessanterweise wird der Begriff „Sanktionen" in der Charta nirgends ausdrücklich erwähnt). Zwar gilt das Interventionsverbot, also „Zwang auf die Willensbildung eines anderen Staates auszuüben".[8] Jedoch verbietet das Völkerrecht Staaten nicht, Sanktionen gegen einen anderen Staat oder nicht staatliche Akteure auszusprechen. Allerdings gilt der Grundsatz der Verhältnismäßigkeit – für „kleine Vergehen“ dürfen nicht übermäßige Strafen ausgesprochen werden. Die Praxis der internationalen Politik zeigt, dass Sanktionen Ausdruck von Machtasymmetrien sind: Mächtige Staaten wie die USA, Deutschland und China sanktionieren in der Regel schwächere, zum Beispiel in Afrika oder dem Nahen Osten.

2 Die Geschichte internationaler Sanktionen: Von der Antike bis Donald Trump

Internationale Sanktionen sind keine neue Idee, wirtschaftlichen Zwang gibt es seit Menschen sich in Gemeinschaften organisieren und miteinander Handel treiben. Das berühmteste Beispiel aus der Antike beschreibt Thukydides im „Peloponnesischen Krieg“. Der Sage nach blockierte Athen im Jahr 432 vor Christus den Handel mit der verfeindeten griechischen Hafenstadt Megara.[1] Jedoch ist diese Blockade in der Antike kaum mit neueren wirtschaftlichen Strafmaßnahmen vergleichbar. Die Wirtschaftswaffe kann nur wirken, wenn die Verflechtungen – Handel, Geldströme, Investitionen – eng geknüpft sind. Diese Bande entstehen erst in der Neuzeit. Natürlich waren Schifffahrt und der Handel über die Weltmeere schon zuvor bedeutsam, jedoch waren die Wirtschaftsräume kleiner und stark auf sich bezogen.

So lief der unter dem US-Präsidenten Thomas Jefferson 1807 verabschiedete Embargo Act ins Leere. Mit diesem Gesetz wollte die Regierung des jungen amerikanischen Staates das Vereinigte Königreich und das napoleonische Frankreich für die Verfolgung von amerikanischen Schiffen bestrafen. Beide Großmächte zeigten sich nur wenig vom US-Embargo beeindruckt, waren die USA zu der Zeit doch viel stärker auf den europäischen Markt angewiesen als umgekehrt. Trotz der Pleite sollte wirtschaftlicher Zwang gegen andere Staaten zur Erreichung politischer Ziele zum zentralen Mittel der US-Außenpolitik aufsteigen. Ihre erste Hochzeit als Zwangsmittel der internationalen Politik erleben Sanktionen vor etwa 100 Jahren. Der Erste Weltkrieg von 1914 bis 1918 wurde nicht nur mit neuen Waffen wie Panzern und Giftgas geführt. Eine vollständige Blockade von Großbritannien, Frankreich und – nach ihrem Kriegseintritt 1917 – den USA sollte Deutschland in der erbitterten Auseinandersetzung in die Knie zwingen.

Sanktionen wurden zum zentralen Mittel im Regal der Zwangsdiplomatie. Die entscheidende Figur war der damalige amerikanische Präsident Woodrow Wilson. Er war nicht nur einer der Architekten des neu gegründeten Völkerbundes, sondern trieb auch den Gebrauch von Wirtschaftssanktionen als Alternative zum Krieg voran. Nach den bitteren Erfahrungen des blutigen Ersten Weltkriegs mit über 15 Millionen Toten sollten sie helfen, den Krieg als Mittel der internationalen Politik zu überwinden. Präsident Wilson war überzeugt: „Wenden Sie dieses wirtschaftliche, friedliche, stille, tödliche Gegenmittel an, und es wird kein Bedarf an Gewalt bestehen. Es ist ein schreckliches Mittel. Es kostet kein Leben außerhalb der boykottierten Nation, aber es übt einen Druck auf die Nation aus, dem meiner Meinung nach keine moderne Nation widerstehen kann."[2]

Der Völkerbund sah demgemäß den Einsatz von Sanktionen als Mittel vor, um Staaten von einem Angriff abzuhalten. Wie sich schnell zeigte, erfüllte sich die Hoffnung nicht. So führten die ersten Völkerbund-Sanktionen gegen Italien unter Mussolini 1935–1936 nicht dazu, dass „Il Duce" die Invasion Äthiopiens (dem einzigen afrikanischen Land, das nie kolonialisiert wurde) stoppte und Italien sich zurückzog.[3] Im Gegenteil gingen Völkerbund-Sanktionen gegen Italien und die Sanktionsdrohungen von Amerika, Großbritannien und Frankreich nach Einschätzung des Historikers Nicholas Mulder sogar nach hinten los. Bevor sie den Zweiten Weltkrieg vom Zaun brach, war die nationalsozialistische Führung um Adolf Hitler besessen davon, Deutschland unabhängig von Importen aus dem „feindlichen" Ausland zu machen. So diente die Kohleverflüssigung dazu, Autos, Flugzeuge und die Kriegsindustrie mit selbst produzierten synthetischen Kraftstoffen betreiben zu können.[4]

Nach dem Ende des Zweiten Weltkriegs wurden Sanktionen schnell zum wichtigen Machtmittel im Kalten Krieg zwischen den USA und den Staaten der North Atlantic Treaty Organization (NATO, die Verteidigungsorganisation wurde 1949 gegründet) auf der einen Seite und dem von der Sowjetunion geführten Warschauer Pakt auf der anderen. Der Sicherheitsrat der Vereinten Nationen war durch die Ost-West-Konfrontation weitgehend blockiert und verhängte bis 1990 nur in zwei Fällen Sanktionen, gegen die Apartheidregierung in Südafrika und gegen das ebenfalls rassistische weiße Minderheitsregime im damaligen Rhodesien, dem heutigen Simbabwe.

Als Supermacht stiegen die USA dagegen schnell zum größten Nutzer von wirtschaftlichen Zwangsmitteln auf, die nicht von den Vereinten Nationen mandatiert sind. Diese von einem einzelnen Land gegen ein anderes verhängten Sanktionen werden als „unilateral“ – also als „einseitig“ – bezeichnet, während Sanktionen einer größeren Staatengruppe oder sogar der Weltgemeinschaft „multilateral“ genannt werden. Die USA setzten ihre unilateralen Strafmaßnahmen im Zweifel auch gegen befreundete Staaten ein. So zwang Präsident Eisenhower Frankreich und Großbritannien während der Suezkrise im Jahr 1956 zum Rückzug ihrer Truppen, um die Blockade der bedeutenden Schifffahrtsstraße in Nahost zu beenden.

Die USA setzten schon früh auf Exportkontrollen für Militärtechnik und sogenannte Dual-Use-Güter, die sowohl für militärische als auch zivile Zwecke genutzt werden können, um die militärischen Fähigkeiten der Sowjetunion und Chinas zu schwächen. Die US-Regierung weitete das „Coordinating Committee for Multilateral Export Controls", das unter dem Akronym CoCom bekannt wurde, und das China Committee (ChinCom) zu einem strategischen Embargo gegen die Staaten des Warschauer Paktes und die Volksrepublik aus. Der Exportstopp für wichtige Technologien sollte sowohl die fortschreitende Entwicklung moderner Waffentechnik der Gegner verzögern als auch die sowjetische und chinesische Wirtschaft bremsen. Während die Exportkontrollen eine gewisse Wirkung zeigten, floppte Anfang der 1980er-Jahre das von US-Präsident Jimmy Carter verhängte Getreideembargo gegen die UdSSR, um diese für ihren Einmarsch in Afghanistan zu bestrafen.[5] Niemand unterstützte die Zwangsmaßnahmen, auch enge Verbündete wie Kanada und Australien blieben außen vor. Die USA kassierten ihre Sanktionen gegen die Sowjetunion bereits nach einem Jahr wieder ein.

Darüber hinaus erklärte Präsident Carter Ende der 1970er-Jahre den Schutz der Menschenrechte zum zentralen Ziel seiner Außenpolitik. Sowohl der US-Kongress als auch seine Nachfolger setzten von da an verstärkt wirtschaftlichen Zwang zum Kampf gegen staatliche Ermordungen, Folter und Machtmissbrauch ein. Nicht selten dienten Sanktionen jedoch auch dazu, unliebsame Regierungen in der Nachbarschaft, vor allem in Mittel- und Südamerika, zu schwächen oder ganz zu entfernen. Teilweise sprach die US-Regierung unverblümt davon, mit ihren Wirtschaftswaffen einen Regimewechsel wie im nur knapp 400 Kilometer von Miami entfernten Karibikstaat Kuba erzwingen zu wollen. Schließlich dienten Sanktionen zur Bekämpfung des Terrorismus und von Massenvernichtungswaffen-Programmen wie in Libyen in den 1980er-Jahren.

Der „Krieg mit anderen Mitteln"[6] wurde damit zu einer Konstante der US-Außenpolitik. Verschiedene Administrationen machten die Zwangsmittel zum Multifunktionswerkzeug, mit dem sie ganz unterschiedliche Ziele verfolgten. Auch international wurde die Unterbrechung von Handels- und Finanzströmen „zum zentralen Mittel, mit dem internationales Recht durchgesetzt wird".[7] In dieser Weltordnung „spielt Handel nicht nur die entscheidende Rolle für die Zusammenarbeit [von Staaten], sondern auch als gemeinschaftliches Instrument, um illegales Verhalten zu bekämpfen."[8]

Die Anwendung von Sanktionen ist schon immer eng mit weltpolitischen Entwicklungen verknüpft gewesen. Erst nach dem Ende des Kalten Krieges explodierte die Nutzung des Instruments. Dafür waren verschiedene Ursachen verantwortlich: Erstens löste sich nach dem Zusammenbruch der Sowjetunion Ende der 1980er-Jahre die Blockade des Weltsicherheitsrats. Russland und China waren in dieser Schwächephase bereit, Zwangsmittel des Sicherheitsrats mitzutragen, während im „unipolaren Moment" Anfang der 1990er-Jahre die USA als einzig verbliebene Supermacht einen immensen Einfluss ausübten. Forschende bezeichneten die 1990er-Jahre deswegen auch als „Sanktionsdekade".[9]

Die USA, Großbritannien und ihre Verbündeten setzten Wirtschaftssanktionen zunehmend auch ein, um militärische Einsätze zu unterstützen. Den Höhepunkt bildete das gegen Iraks Regierung von Saddam Hussein verhängte UN-Embargo, das das Land nahezu vollständig abriegelte und (zunächst) den Ölverkauf, die Lebensader des Landes, unterband. Die gravierenden Konsequenzen des Embargos in den 1990er-Jahren für die Irakerinnen und Iraker stürzten das internationale Sanktionsregime in die Krise und markierten den Wendepunkt für die Anwendung des Machtinstruments. Eine Reihe von Konferenzen – in Interlaken, Bonn und Berlin sowie Stockholm – führte zum Neudesign der Maßnahmen: Diese sollten nun ausschließlich zielgerichtet sein und eben nicht mehr wie in der

Antike und nach dem Ersten Weltkrieg ein ganzes Land von der Außenwelt abschneiden und damit zur Aufgabe zwingen.

Sehr bald stieg die Zahl der Sanktionen erneut sprunghaft an. Am 11. September 2001 rammten islamistische Attentäter des Terrornetzwerks al-Qaida zwei Passagiermaschinen in das World Trade Center in New York, ein weiteres Flugzeug schlug in das US-Verteidigungsministerium in Washington ein und ein viertes stürzte auf ein freies Feld im Bundesstaat Pennsylvania. Der Terrorakt von „9/11" tötete mehr als 2900 Menschen. Als Reaktion startete die US-Regierung unter Präsident George W. Bush umgehend einen nie da gewesenen „Finanzkrieg"[10] gegen islamistische Terrorgruppen und Staaten wie Afghanistan, die als ihre Unterstützer galten. Wie die amerikanische Regierung 2021 in einem Bericht zur Nutzung von Sanktionen selbst feststellte, wurden die Strafen „zum Mittel der ersten Wahl, um Bedrohungen für die nationale Sicherheit, die Außenpolitik und die Wirtschaft der Vereinigten Staaten zu begegnen".[11]

Das Finanzministerium der USA, aber auch die Vereinten Nationen und die Europäische Union, nehmen heute Terroristen, ihre Unterstützer, Organisationen und Firmen direkt ins Visier, sperren deren Konten, erlassen Einreiseverbote und verbieten jeglichen Austausch mit ihnen. Abbildung 2 zeigt den sprunghaften Anstieg der Sanktionen seit 9/11.

Zudem formulierte die Europäische Union im Jahr 2004 zum ersten Mal ihre eigenständige, „autonome" Sanktionspolitik. Während des Kalten Krieges hatten die europäischen Staaten und damit auch Deutschland die – wenigen – völkerrechtlich verbindlichen UN-Sanktionen gegen Südafrika und Rhodesien umgesetzt. Die Europäische Union tat sich jedoch lange schwer mit Zwangsmitteln, die nicht von der Weltgemeinschaft mandatiert sind. Noch heute braucht es für die

Abbildung 2: Anstieg der Sanktionen

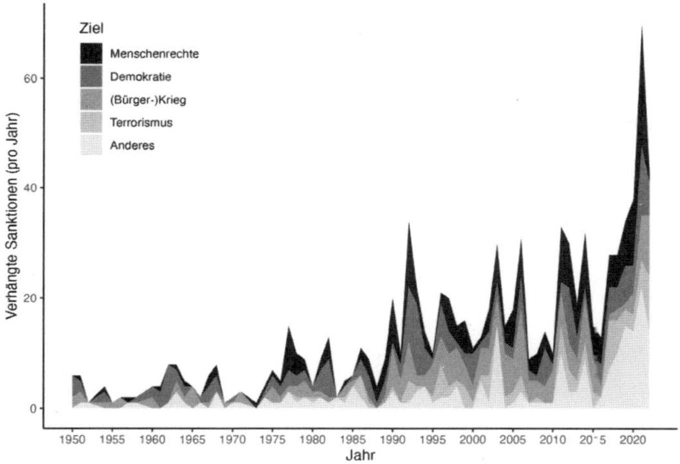

Sanktionen der EU, der USA und der Vereinten Nationen. *Daten: Global Sanctions Data Base*[12]

Verhängung von Sanktionen in der gemeinsamen Außen- und Sicherheitspolitik das einstimmige Votum aller 27 Mitglieder, bis heute bezeichnet sie ihre Strafen in offiziellen EU-Dokumenten zurückhaltend als „restriktive Maßnahmen". Jedoch greift auch die EU immer stärker auf wirtschaftlichen Druck zurück, um ihre außenpolitischen Ziele durchzusetzen.

Unter US-Präsident Donald Trump gab es einen weiteren Schub. Weitbekannt ist, dass die Trump-Regierung 2018 das Nuklearabkommen mit Iran platzen ließ und eine „Maximum Pressure Campaign" gegen das Land in Kraft setzte. Gleichzeitig wuchs die „Specially Designated Nationals and Blocked Persons" (SDN)-Liste der US-Regierung mit sanktionierten Personen, Terrorgruppen und Organisationen in bislang ungekannter Geschwindigkeit.

Im Zeitalter der Sanktionen ist der „Krieg mit anderen Mitteln“[13] das zentrale Instrument der westlichen Außenpolitik und der Vereinten Nationen. In diesem Zeitalter nutzen sie Wirtschaftssanktionen „nahezu reflexhaft als geoökonomisches Mittel ihrer Wahl“.[14] Als noch immer mächtigster Staat der Welt greifen die USA mit weitem Abstand am häufigsten zu Zwangsmitteln und verhängen diese regelmäßig auch ohne Mandat des Weltsicherheitsrats. Der Großmacht folgen die Europäische Union und die Vereinten Nationen (siehe Abbildung 3). Jedoch sind Sanktionen keineswegs eine Domäne des Westens. Wie wir sehen werden, üben die Großmächte Russland und China, aber auch andere Staaten und Regionalorganisationen, ebenfalls wirtschaftlichen Zwang aus, um ihre Interessen durchzusetzen.

Abbildung 3: Sanktionen von USA, EU und Vereinten Nationen

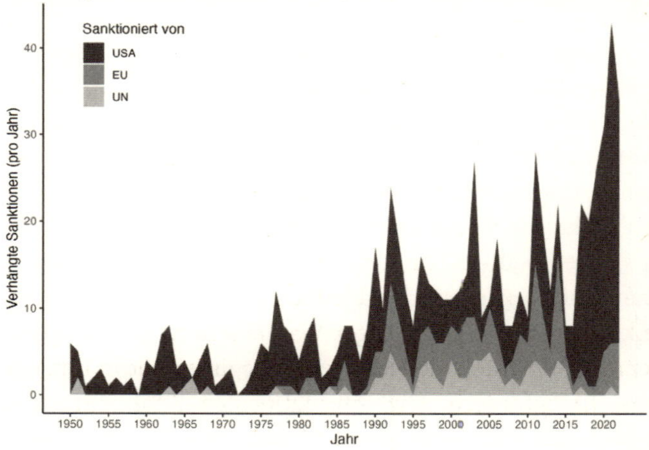

Daten: Global Sanctions Data Base[15]

3 „Die“ Sanktionen gibt es nicht

Sanktionen sind Beschränkungen, mit denen ihre Absender einen Kurswechsel des Gegenübers erzwingen wollen (die Forschung bezeichnet Sanktionsmächte als „Absender“, auf Englisch „Sender“). Anders gesagt: Mit wirtschaftlichem Druck wollen Sanktionsmächte ein politisches Ziel durchsetzen. Die Zwangsmittel sollen die Kosten eines bestimmten Handelns – sei es die Folterung von Oppositionellen, der Aufbau eines Atomwaffenprogramms, das Unterstützen von Terrorgruppen oder der Einmarsch in einen Nachbarstaat – so weit in die Höhe treiben, dass sie das Sanktionsziel zum Umsteuern zwingen. Die Kosten können dabei nicht nur wirtschaftlicher, sondern auch symbolischer Art sein: Die Maßnahmen senden ein weltweit sichtbares Signal der Missbilligung. Wir können internationale Sanktionen also verstehen als „Strafen, die als Folge der Nichteinhaltung internationaler Normen oder Verpflichtungen gegen das Zielland angedroht oder verhängt werden“.[1]

Die mit Sanktionen verbundenen Forderungen der USA, der EU und der Vereinten Nationen beziehen sich auf das Verhalten von Regierungen nach außen oder nach innen (oder in einzelnen Fällen auf beides). Die Unterdrückung der eigenen Bevölkerung ist ein Verhalten im Inneren, ein Angriffskrieg ein aggressives Verhalten nach außen, das den internationalen Frieden bedroht. Abbildung 4 zeigt, das die Auslöser für Zwangsmittel ganz unterschiedlich sind. So haben die USA Sanktionen verhängt, um gegen Wahlfälschungen vorzugehen, aber auch, um direkt den Sturz eines Regimes, wie in Iran oder Kuba, zu befördern. Die internationalen Strafmaßnahmen wenden sich außerdem gegen Menschenrechtsverletzungen, die Unterstützung von Terrorgruppen, Atom-, Chemie- oder biologische Waffenprogramme bis hin zu Angriffskriegen wie der russischen Invasion in die Ukraine. Oftmals belegen Sanktionsmächte Regierungen und ganze Staaten mit Zwangsmitteln, sie nehmen aber auch nicht staatliche Akteure wie die Terrorgruppe al-Qaida ins Visier.

Abbildung 4: Auslöser von Sanktionen

Verhalten nach außen	Verhalten nach innen
1. Kriege und Bürgerkriege, z. B. Russlands Angriffskrieg in der Ukraine	1. Menschenrechtsverletzungen, z. B. Folter / gewaltsame Niederschlagung von Massenprotesten
2. Verbreitung von Massenvernichtungswaffen (Atom-, Chemie- und biologische Waffen)	2. Demokratiedefizite, z. B. gefälschte Wahlen
3. Terrorunterstützung	
4. Drogenhandel	
5. Korruption/Geldwäsche (kann auch nach innen gerichtet sein)	
6. Weitere Ziele, z. B. Kampf gegen Cyberangriffe	
7. Sanktionsumgehung	

Obwohl es zahlreiche nach außen gerichtete Sanktionsforderungen gibt und obwohl die Vereinten Nationen die Sicherung des internationalen Friedens und der Sicherheit (und nicht der Demokratie) zur Aufgabe haben, zeigt die empirische Sanktionsforschung eindeutig, dass mehr als die Hälfte aller von den USA, Europa und der Weltgemeinschaft verhängten Strafen den Schutz von Menschenrechten und Demokratie zum Ziel haben. Sie gehen gegen Folter, Unterdrückung und Machtmissbrauch vor.[2] Die Mehrzahl der Zwangsmittel bezieht sich also auf die innenpolitischen Verhältnisse der Sanktionsziele, zum Beispiel in Myanmar, wo eine Militärjunta die Rechte der Opposition brutal unterdrückt, Nobelpreisträgerin Aung San Suu Kyi unter fadenscheinigen Gründen ins Gefängnis warf und die ethnische Gruppe der Rohingya brutal verfolgt. Bei den Vereinten Nationen sieht es anders aus: Die Weltgemeinschaft verhängte von 1990 bis 2015 59 Prozent ihrer Sanktionen, um Bürgerkriege und Kriege zwischen Staaten zu stoppen. Mit weitem Abstand folgen der Kampf gegen Terrorgruppen (14 Prozent aller UN-Sanktionen), Atomwaffenprogramme (11 Prozent) sowie der Versuch, die Demokratie zu fördern (10 Prozent).[3]

Wichtig ist: Hinter dem Begriff der Sanktionen verbergen sich unterschiedliche Werkzeuge der Außenpolitik. Sanktionsmächte schnüren sie zu immer neuen Paketen gegen Staaten, Organisationen oder Terrorgruppen zusammen, von denen keines dem anderen völlig gleicht. Die Maßnahmen reichen von der Listung von drei politisch Verantwortlichen für eine willkürliche Verhaftung oder der Reduzierung offizieller Besuche, zum Beispiel in Kuba im Jahr 2003 (wegen der Beendigung diplomatischer Empfänge nannten Spötter diese EU-Sanktionen damals „Cocktail Party Wars"),[4] bis zu einer fast vollständigen Blockade aus Exportverboten und Finanzsanktionen wie im Fall von Iran und Nordkorea. Wir können die in Abbildung 5 aufgelisteten Sanktionsformen unterscheiden.

Sie erlegen den Zielen völlig unterschiedliche wirtschaftliche Kosten auf. Während individuelle Strafen gegen Personen und Firmen sowie Diplomatie-Sanktionen gezielt wirken sollen, schotten Handelsembargos ganze Volkswirtschaften von der Außenwelt ab. Je nach Design und der Bedeutung des Wirtschaftsbereichs liegen Beschränkungen für einzelne Branchen („sektorale Sanktionen") und Finanzsanktionen dazwischen. Gerade strikte Finanzkontrollen bis hin zur vollständigen Unterbrechung des Zugangs zum globalen Finanzmarkt können jedoch verheerende Folgen für eine moderne, international verbundene Wirtschaft haben. Außerdem kann die Unterbrechung von Entwicklungshilfe ärmere Staaten erheblich treffen.

Abbildung 5: Unterschiedliche Sanktionen

<table>
<tr><th>Sanktionsart</th><th>Beispiele</th><th>Wirtschaftliche Kosten</th></tr>
<tr><td>Umfassendes Handelsembargo</td><td>Vollständiger Liefer- und Einfuhrstopp und/oder Seeblockade</td><td rowspan="4">Hoch – die gesamtwirtschaftlichen Kosten von Waffenembargos sind in der Regel allerdings gering; Finanzsanktionen fallen sehr unterschiedlich aus</td></tr>
<tr><td>Sektorale Sanktionen</td><td>a) Einfuhr- und Ausfuhrbeschränkungen, z. B. für Hochtechnologie
b) Investitionsbeschränkungen
c) Waffenembargo</td></tr>
<tr><td>Finanzsanktionen</td><td>Unterbrechung des Zugangs zum internationalen Finanzmarkt „Entswiftung“</td></tr>
<tr><td>Aussetzung von Entwicklungshilfe</td><td>Stopp von Entwicklungsprojekten, Zuschüssen und günstigen Krediten</td></tr>
<tr><td>Individuelle Sanktionen</td><td>„Listung“ natürlicher und juristischer Personen, vor allem durch Einreiseverbote und Einfrieren von Vermögen (Kontensperrungen)</td><td rowspan="2">Niedrig</td></tr>
<tr><td>Diplomatie-Sanktionen</td><td>Ausweisung von Diplomaten oder Abbruch der diplomatischen Beziehungen</td></tr>
</table>

Die Sanktionsmächte setzen dabei unterschiedliche Instrumente ein. Während bei den Vereinten Nationen fast jedes Sanktionsregime Waffenembargos beinhaltet, um Kriegsparteien den Nachschub mit Waffen und Munition abzuschneiden, nutzen die USA und Europa einen Mix von Instrumenten, die sich gegen einzelne Personen und Organisationen oder ganze Wirtschaftsbereiche richten. Im Fall von Myanmar ist das unter anderem der Handel mit Tropenholz, einer wichtigen Einnahmequelle für das Militärregime des südostasiatischen Landes.

In der Vergangenheit sollten Sanktionen ganze Volkswirtschaften oder Gesellschaften wie das Apartheidregime in Südafrika isolieren. Heutzutage zielen die Maßnahmen gerade nicht darauf ab, die gesamte Bevölkerung zu treffen. Seit den schwerwiegenden humanitären Folgen des Irak-Embargos, das 2003 endete und das ich später vorstelle, geht der Trend zu zielgerichteten Instrumenten, die oft auch als „intelligente" Sanktionen („Smart Sanctions") bezeichnet werden. Zunehmend verhängen die USA, die EU und die Vereinten Nationen Beschränkungen direkt gegen verantwortliche Personen, Terrorgruppen oder Unternehmen.[5] So umfasst die „Specially Designated Nationals and Blocked Persons" (SDN)-Liste des amerikanischen Finanzministeriums mittlerweile über 2100 eng bedruckte Seiten mit sanktionierten Personen und Organisationen, mit denen jeder Handel verboten und deren Vermögen eingefroren ist. Im Juli 2023 listete die Organisation C4ADS 56.980 Einträge in der Sanktionsliste des amerikanischen Finanzministeriums und 4655 in der EU-Sanktionsliste auf.[6] Wie wir sehen werden, deuten die Sanktionspakete gegen Syrien, Afghanistan, Iran, Russland und Venezuela mittlerweile wieder auf ein Comeback umfassender Maßnahmen hin.

Zudem ist die Unterbrechung von Finanzströmen und dem Zugang zum internationalen Finanzmarkt immer bedeutender geworden. Vor allem die US-Regierung nutzt das enge globale Wirtschaftsnetz mit New York als bedeutendstem Finanzplatz, ihren weltgrößtem Wirtschaftsmarkt und den Dollar als internationaler Leitwährung als Waffe.[7] Die besonderen Effekte von Finanzsanktionen stelle ich weiter unten vor.

4 Auf den Schmerzknopf drücken: Die Wirkung von Sanktionen

Der Streit über Sanktionen ist so alt wie das Machtmittel selbst. Nicht nur die Öffentlichkeit, sondern auch die Wissenschaft diskutiert die Wirkungen der Strafmaßnahmen kontrovers. Für ein Urteil müssen wir zunächst zwischen wirtschaftlichen und politischen Effekten unterscheiden. Gerade in der öffentlichen Diskussion werden beide Aspekte häufig zusammengeworfen. Zur Erinnerung: Der grundlegenden Sanktionslogik folgend, soll der durch die Zwangsmittel auferlegte wirtschaftliche Druck die Regierung im Zielland zum Umsteuern zwingen. Dies ist bei Russland offensichtlich nicht der Fall – die russische Armee hat sich bislang nicht aus der Ukraine zurückgezogen. Zwar zeigt die empirische Sanktionsforschung in der Tendenz, dass kostspieligere Sanktionen erfolgreicher sind. Jedoch muss ich mit einem Mythos aufräumen: Wirtschaftlicher Schmerz ist kein Gradmesser für den politischen Erfolg.

In einer wegweisenden Studie ermittelte der amerikanische Wirtschaftswissenschaftler Gary Hufbauer mit Kolleginnen und Kollegen, dass Sanktionen in einem Drittel der Fälle zumindest teilweise erfolgreich sind und zu einem Politikwechsel führen.[1] Diese Erfolgsquote ist ein guter Richtwert, aber bis heute in der Forschung hochumstritten. Bei Staaten ist es eben nicht wie im Labor möglich, ein kontrolliertes Experiment mit einer Experimental- und einer Kontrollgruppe ohne Sanktionen aufzusetzen, um die Folgen der Zwangsmittel im Vergleich zu anderen Einflüssen isolieren zu können. Forscherinnen und Forscher monieren zum Beispiel, dass man im Fall von Kriegen die Wirkung von parallel laufenden Handelsblockaden schlicht nicht messen kann, da Kampfhandlungen gravierender seien und die Wirkung der Sanktionen überdeckten. Einige Reaktionen der sanktionierten Regierungen seien auch nicht korrekt codiert worden, das heißt, sie lenkten gar nicht ein.[2] Diese Kritik weist auf ein grundlegendes Problem in der sozialwissenschaftlichen Sanktionsforschung hin: Bei der Erstellung eines Datensatzes müssen Forschende selbst beurteilen, ob sich das Sanktionsziel wirklich bewegt hat. Oft ist nicht eindeutig zu sagen, ob es den Forderungen nachgekommen ist. In Simbabwe besserte sich die Menschenrechtslage, nachdem die langjährige Regierungspartei und die Opposition im Jahr 2009 eine „Regierung der nationalen Einheit" gebildet hatten. Für eine Zeit steckte die Polizei des Landes Oppositionelle nicht mehr willkürlich ins Gefängnis. Jedoch gab die Regierungspartei ZANU-PF des langjährigen Herrschers Robert Mugabe die Kontrolle des Landes im Süden Afrikas nie aus der Hand. Sie setzte schnell wieder auf die systematische Einschüchterung von Medien, der Zivilgesellschaft und der Opposition, um sich an der Macht zu halten. Trotzdem beendete die Europäische Union 2014 ihre Strafmaßnahmen gegen weite Teile der politischen Elite, während die Vereinigten Staaten ihre Sanktionen in Kraft ließen.

Eine Erfolgsquote von einem Drittel ist ernüchternd; bedeutet sie doch im Umkehrschluss, dass die große Mehrzahl aller Sanktionen scheitert. Warum haben Sanktionen oft trotzdem ihre Berechtigung? Erstens sind Sanktionen nicht nur ein Mittel, das politisches Umsteuern erzwingen soll (in der Forschung wird diese Funktion als „Coercing" bezeichnet). Oft wissen Washington und Brüssel von vornherein, dass ein Kurswechsel unrealistisch ist und wollen vor allem den Handlungsspielraum des Gegenübers einschränken. Blicken wir auf die westlichen Sanktionen gegen Russland: Nach Beginn der völkerrechtswidrigen Invasion in die Ukraine am 24. Februar 2022 verlangte die EU unmissverständlich, dass „Russland seine militärischen Handlungen unverzüglich einstellt" und „alle Streitkräfte und Militärausrüstung bedingungslos aus dem gesamten Hoheitsgebiet der Ukraine abzieht".[3] Dieser Forderung ist Präsident Putin nicht mal im Ansatz nachgekommen. Auch wenn die EU nahelegt, dass sie mit ihren Sanktionen ein Umsteuern von Putin erzwingen will, waren die Aussichten auf einen Rückzug von Anfang an extrem gering.

Vielmehr verfolgen die Russlandsanktionen zwei weitere von der Forschung als zentral identifizierte Funktionen. Zum einen sollen die umfassenden Beschränkungen die russische Kriegsführung und die Finanzierung des Einmarschs beschneiden. Sie engen den Handlungsspielraum des Kremls ein (diese Funktion bezeichnet die Wissenschaft als „Constraining"). So unterbinden die westlichen Technologiesanktionen den Nachschub mit Mikrochips und anderen Teilen, die von russischen Rüstungsproduzenten verbaut werden. Die Import- und Exportverbote und die Finanzsanktionen schwächen die vormals eng mit Europa verbundene Wirtschaft Russlands enorm. Die Werke des Lada-Herstellers Avtovaz standen monatelang still, die Arbeiterinnen und Arbeiter wurden in den Zwangsurlaub geschickt. Heute produzieren die Werke Autos ohne Airbags, Antiblockiersysteme und weitere moderne Bauteile, für die der Hersteller auf westliche Zulieferungen angewiesen ist.

Und schließlich senden Sanktionen kostspielige Signale an das Sanktionsziel, mögliche Nachahmer sowie die eigene Bevölkerung („Signaling"). Der Protest ist dabei nicht einfaches Gerede, im Englischen „Cheap Talk" genannt. Dem Kreml signalisieren die EU, USA und ihre Verbündeten, dass sie bereit sind, selbst substanzielle Kosten wie Inflation, höhere Verschuldung und ein abruptes Ende der Öl- und Gaslieferungen Russlands zu tragen. Dies macht die Drohung mit weiteren Schritten besonders glaubwürdig. Der eigenen

Bevölkerung und sich selbst beweist die EU außerdem, dass sie „etwas" tut und außenpolitisch handlungsfähig ist. Und im Idealfall schreckt der Westen mögliche Nachahmer wie China von ähnlichem Tun ab. Problematisch ist aus wissenschaftlicher Sicht, dass es äußerst schwer, wenn nicht unmöglich ist, diesen Signal-Effekt genau in Zahlen zu fassen. Für eine umfassende Bewertung von Sanktionen als zentralem Machtmittel der internationalen Politik müssen wir jedoch alle drei Funktionen – Coercing, Constraining und Signaling – einbeziehen. Dieser umfassende Blick auf die Wirkung von Sanktionen weist auch darauf hin, dass vordergründig gescheiterte Sanktionen, die keinen Kurswechsel erzwingen konnten, nicht zwangsläufig unnütz oder nach hinten losgegangen sind.

Ein Politikwechsel kann grundsätzlich auf drei Wegen zustande kommen: Erstens könnten Herrschende wie Russlands Wladimir Putin, Venezuelas Nicolás Maduro, Nordkoreas Kim Jong-un oder Alexander Lukaschenko aus Belarus selbst zur Einsicht gelangen, dass die durch die Isolation verursachten Kosten zu hoch sind. Leider ist dies selten der Fall: Die Machthaber nehmen die wirtschaftlichen Zwangsmittel in der Regel sehenden Auges in Kauf. Sie sind auf Treffer vorbereitet, die sie oft gar nicht selbst spüren. Präsident Putin scheint im Augenblick gewillt, seinen Angriffskrieg in der Ukraine mit allen Mitteln durchzuziehen – trotz unermesslichen menschlichen Leides und einem Wirtschaftseinbruch, der sein Land um Jahre zurückwerfen wird. Auch Iraks früherer Herrscher Saddam Hussein zeigte, dass sanktionierte Regierungen oft höchste Kosten für „ihre" Wirtschaft und Bevölkerung schulterzuckend in Kauf nehmen, ohne von ihrem Pfad abzuweichen.

Zweitens können Sanktionen Druck aus der Elite heraufbeschwören. In zahlreichen sanktionierten Staaten pflegen Geschäftsleute und Unternehmen engste Kontakte mit der

Regierung, um sich Vorteile zu sichern. Oft sind die Herrschenden sogar selbst Großgrundbesitzer und Multimillionäre. Die auferlegten Zwangsmittel können zu einem Umdenken führen: Unternehmerinnen und Unternehmer, Günstlinge und international verbundene Geschäftsleute, die ihre Felle davonschwimmen sehen, wenden sich, so die Hoffnung, gegen die Machthaber. Sie fordern Reformen, damit sie wieder ungestört ihren Geschäften nachgehen können. Sanktionen sollen so einen Keil in die Regierungselite treiben und die Machtbalance hin zu den Reformerinnen und Reformern verändern.

Drittens schließlich können die internationalen Beschränkungen Proteste auf der Straße anfachen. Die Logik ist folgende: Umfassende, langandauernde Sanktionen bremsen die Wirtschaft im Zielstaat, treiben die Inflation in die Höhe und führen zur Verarmung der Bevölkerung. Diese Deprivation treibt – so die Annahme – die Menschen auf die Straße, um gegen die Regierung zu demonstrieren. In Extremfällen stürzen aufgebrachte Bürgerinnen und Bürger die Herrschenden. Allerdings hat sich diese simple Annahme nicht bestätigt: Die verarmte Bevölkerung kämpft in der Regel einfach um ihr Überleben, oft fehlt die Kraft zum Protest. Außerdem ersticken Polizei, Schlägertrupps und Sicherheitsdienste jeden Widerspruch häufig schon im Keim. Jedoch sollten wir diesen Mechanismus nicht wegwischen. Die Forschung hat gezeigt, dass gerade Sanktionsdrohungen durchaus Protestierende und Oppositionsparteien in sanktionierten Staaten ermutigen können, für ihre Anliegen zu kämpfen.[4]

Allen Ansätzen liegt der liberale Glaube an den Homo oeconomicus zugrunde: Er sieht Menschen als rational kalkulierende Wesen, die kühl Kosten gegen Nutzen abwägen. Wirtschaftssanktionen verschieben diese Kalkulation, stark steigende Kosten führen zum Umdenken. Jedoch werden viele sanktionierte Staaten nicht von einem Homo oeconomicus, sondern von einem Homo ideologicus beherrscht. Machthaber wie Nordkoreas Kim Jong-un und Russlands Wladimir Putin nehmen schwerste wirtschaftliche Schäden für ihre Länder im Namen ihrer vermeintlich „guten" Sache in Kauf – sei es für den vorgeblichen Kampf gegen den Imperialismus der Vereinigten Staaten, eine sozialistische Gesellschaftsordnung oder die Überlegenheit der eigenen Nation. Kurz: Sie sind kaum empfänglich für wirtschaftlichen Druck und internationales Stigma. Die traditionelle Deprivationslogik – wirtschaftlicher Schmerz führt zu politischem Wandel – läuft in diesen Fällen ins Leere.

Gleichzeitig sollten wir die Macht „kostspieliger" Sanktionen nicht unterschätzen. Die für Staaten wie Russland besonders schmerzhaften Maßnahmen wie die Hightech-Verbote und Finanzbeschränkungen können ein Faustpfand („Bargaining Chip") in Verhandlungen zwischen dem Westen und dem Kreml sein. Dafür muss der Westen glaubhaft machen, dass er seine Beschränkungen lockert, wenn der Aggressor sein Verhalten ändert.

Abkühlungseffekte

Die Erfahrung zeigt, dass Sanktionen oft weit über die tatsächlich verhängten Zwangsmittel hinaus wirken. In der Regel erzwingen die verhängten Maßnahmen nicht direkt den Rückzug internationaler Unternehmen, sie verschlechtern aber die Geschäftsaussichten deutlich und beeinflussen damit auch ihre Entscheidungen, wo sie investieren (und wo nicht). Nicht nur ist der finanzielle Schaden der Sanktionen selbst für Russland schon jetzt beträchtlich, zudem haben sich mehr als 1000 internationale Unternehmen vom russischen Markt zurückgezogen.[5] Populäre westliche Konsummarken wie McDonalds, Starbucks oder Ikea sind aus Moskau, St. Petersburg und Jekaterinburg verschwunden. Vor allem die kaufkräftige Mittelschicht in den großen Städten spürt die „Übererfüllung" der Strafmaßnahmen durch die begehrten westlichen Konsummarken.

Diesen „Abkühlungseffekt" („Chilling Effect") beobachten wir in vielen sanktionierten Staaten. Er ist einerseits auf Sanktionen, andererseits auf die Bedingungen im Zielstaat, zum Beispiel in Russland, selbst zurückzuführen: Das Land fällt als sicherer Investitionsstandort für die nächsten Jahre aus. Unternehmen gehen kein Risiko ein, sondern verlagern ihre Investitionen, ihre Exporte und die Produktion in andere Märkte. In Russland noch aktive Firmen wie der Düsseldorfer Handelskonzern Metro oder die Allgäuer Molkerei Ehrmann stehen in ihren Heimatmärkten am Pranger.[6] Hier zeigt sich, dass die Strafmaßnahmen eben nicht nur direkt wirken, sondern als Signal das Investitionsklima prägen und damit zusätzliche Macht entfalten.

Erfolgsfaktoren

Die politische Praxis und die Forschung zeigen, dass sieben Faktoren die Erfolgsaussichten von Sanktionen enorm erhöhen: Erstens sind nicht die in Kraft gesetzten Sanktionen, sondern die Drohung mit Zwangsmitteln besonders Erfolg versprechend. Das Gegenüber kann sich in diesem Stadium noch ohne großen Gesichtsverlust zurückziehen. Es liegt in der Natur der Sache, dass westliche Regierungen häufig hinter verschlossenen Türen wirtschaftliche Zwangsmittel ins Spiel bringen. Oft platzieren Washington oder Brüssel ihre Drohungen aber auch bewusst über die Medien, wie dies US-Präsident Biden und Kanzler Scholz vor Russlands Überfall auf die Ukraine am 24. Februar 2022 taten. Wie wir wissen, hat sich Präsident Putin mit seinem Angriff in Windeseile über die im Raum stehenden Strafmaßnahmen hinweggesetzt – entweder waren die Sanktionsdrohungen für ihn nicht glaubhaft (mutmaßlich auch, weil die Reaktion des Westens auf die völkerrechtswidrige Annexion der Krim im Jahr 2014 aus heutiger Sicht zu zurückhaltend ausfiel) oder er ist bereit, selbst höchste Kosten für Russland in Kauf zu nehmen, um sein Ziel zu erreichen, die Ukraine zu annektieren und – so proklamiert – zu „entnazifizieren". Andere Regierende schrecken allerdings eher vor den Folgekosten ihres Handelns zurück. Untersuchungen öffentlich bekannter Sanktionsdrohungen zeigen, dass mehr als die Hälfte aller ausgesprochenen Drohungen dem Gegenüber Zugeständnisse abringt.[7]

Zweitens beeinflusst Druck von außen Demokratien deutlich leichter als Diktaturen. Wirtschaftliche Strafen führen in offenen Gesellschaften leichter zu einem Politik- oder sogar einem Regierungswechsel: Bürgerinnen und Bürger können auf der Straße demonstrieren, sich in Parteien engagieren oder die Regierung bei den nächsten Wahlen abstrafen, wenn Sanktionen zu Wirtschaftskrisen führen. Das Problem ist jedoch, dass sich mehr als drei von vier aller westlichen Sanktionen gegen Diktaturen richten. Sanktionen treffen damit in der Regel auf Regime, die für Druck von außen nur schwer zu erreichen sind. Die Mehrheit der Zwangsmittel richtet sich zudem gerade gegen Menschenrechtsverletzungen und Wahlbetrug, die in autokratischen und hybriden Regimen (die zwischen Diktatur und Demokratie stehen) viel häufiger vorkommen. In Nordkorea, Myanmar und Belarus ist es für die

Bevölkerung und Mitglieder der Opposition lebensgefährlich, ihren Unmut mit der Regierungspolitik offen zu zeigen. Auch weniger repressive Länder behindern unabhängige Medien, fälschen Wahlen und verbieten Demonstrationen, um Kritik früh zu ersticken. Wirtschaftlicher Zwang von außen führt hier kaum zu politischem Druck im Innern. Jedoch gibt es auch zwischen autoritären Regimen große Unterschiede. Besonders hochpersonalisierte Regime, die extrem auf die Führungsfigur an der Spitze zugeschnitten sind, geraten durch wirtschaftlichen Druck von außen leichter ins Wanken. Einparteiensysteme wie in China verfügen dagegen über stärkere Institutionen und können Sanktionen besser widerstehen.[8]

Drittens machen es eindeutig formulierte und vor allem begrenzte Forderungen wie die Freilassung eines politischen Gefangenen der sanktionierten Regierung leichter nachzugeben. So wird dem türkischen Mäzen Osman Kavala von staatlichen Stellen in der Türkei vorgeworfen, im Jahr 2016 am Putschversuch im Land beteiligt gewesen zu sein. Der Ruf nach tief greifender Demokratisierung und dem umfassenden Schutz der Menschenrechte, also dem Verbot von Folter und willkürlichen Verhaftungen, gefährdet im Vergleich zur Forderung nach der Freilassung eines einzelnen Gefangenen dagegen direkt den Machterhalt eines autoritären Regimes. Es würde bedeuten, dass es seine zentralen Machtstrategien aufgibt. Genauso hat die Invasion in der Ukraine eine enorme Bedeutung für die russische Führung. Durch das angebliche Ziel einer „Entnazifizierung" und dem Auslöschen der Ukraine als unabhängigen Staat hat die russische Führung den Angriffskrieg ideologisch enorm aufgeladen. Trotz aller Medienkontrolle und Propaganda würde Präsident Putin durch ein Einlenken schwach wirken und seine Machtposition gefährden.

Viertens spielt der Faktor Zeit eine wichtige Rolle. Zwar wirken Sanktionen häufig nicht sofort, „ewige" Sanktionen sind aber ebenso zum Scheitern verurteilt. Die 1960 vom damaligen US-Präsidenten Eisenhower gegen Kuba verhängten Zwangsmaßnahmen dürften den Weltrekord für die am längsten in Kraft befindlichen Sanktionen aufstellen. Sie haben aber bis heute nicht zum Sturz des Regimes im karibischen Inselstaat geführt. Vielmehr dienen die Maßnahmen als zentrale Legitimationsressource für die sozialistische Regierung im Kampf gegen den „imperialen" Hegemon. Wie ich später zeige, passen sich Zielstaaten im Lauf der Zeit immer besser an die Sanktionen an – sie finden neue Lieferanten und Abnehmer für ihre Waren und bilden neue Allianzen. Allmählich verpuffen die Zwangsmittel und die gekappten Verbindungen verhindern eine weitere Einflussnahme von außen.

Fünftens haben Sanktionen gegen befreundete Staaten, mit denen enger wirtschaftlicher Austausch und große politische Einigkeit besteht – zum Beispiel, wenn beide Seiten Mitglied im gleichen Verteidigungsbündnis oder einer Regionalorganisation wie der EU sind –, höhere Aussichten auf Erfolg. Handel und Investitionen schaffen die Grundlage für das Wirken der wirtschaftlichen Beschränkungen. Dies und die guten Beziehungen zu westlichen Staaten wollen viele Regierungen nicht aufs Spiel setzen.

Sechstens geben wirtschaftlich schwache und von Entwicklungshilfe abhängige Zielstaaten eher nach. Mehr als die Hälfte aller EU- und UN-Sanktionen seit dem Ende des Kalten Krieges richtete sich gegen kleinere Staaten in Afrika und im Nahen Osten, die deutlich empfänglicher für Druck von außen sind.

Siebtens schließlich gilt der Druck einer möglichst großen Staatenkoalition oder sogar der Vereinten Nationen als besonders wirksam: Die Legitimität der Maßnahmen ist höher und die Schlupflöcher sind kleiner. Einerseits fällt es dem sanktionierten Regime sehr viel schwerer, den Druck der Weltgemeinschaft als imperiale Bevormundung des Westens oder eines größeren Nachbarn zu brandmarken. Andererseits binden die Vereinten Nationen mit ihren Zwangsmitteln die Staatengemeinschaft. Alle 193 Mitgliedsstaaten sind völkerrechtlich verpflichtet, Handelsbeschränkungen, die Unterbrechung von Finanzströmen oder Reiseverbote durchzusetzen. In der Theorie sollten die UN-Sanktionen damit universell wirken. Machen alle UN-Mitglieder mit, können keine „Raubritter" (im Englischen „Black Knights" genannt) als alternative Handelspartner oder politische Unterstützer einspringen. In der Wirklichkeit ist es äußerst schwer, Waffenembargos – gerade für Kleinwaffen – zu kontrollieren. Nicht selten fehlt der politische Wille. So zeigen glaubwürdige Berichte, dass China die Strafen der Weltgemeinschaft gegen das eingekreiste Nordkorea nur lückenhaft umsetzt und sanktionierte Güter weiter massenhaft über die Grenze gelangen.[9] Das nordkoreanische Atomwaffenprogramm könnte viel effektiver beschränkt und die Regierungselite um den „Obersten Führer" Kim Jong-un viel härter getroffen werden.

Kritiker der UN-Maßnahmen monieren, dass sich die Mächte im Weltsicherheitsrat häufig nur auf den kleinsten gemeinsamen Nenner einigen können. Die UN-Sanktionen seien unnötig schwach. Wie der Fall des iranischen Nuklearprogramms jedoch zeigt, können die internationalen Zwangsmittel durchaus Biss haben. Die umfassenden Beschränkungen beim Zugang zu den Finanzmärkten und dem Verkauf von Erdöl gefährdeten die Macht des Mullah-Regimes. Der Druck auf Teheran, Verhandlungen zu führen, war enorm. Wenn eine Schwelle überschritten ist und die führenden UN-Mitglieder sich in ihrer Sicherheit gefährdet sehen, sind sie also durchaus in der Lage, schmerzhafte Strafen zu verhängen.

Unglücklicherweise ist die multilaterale Zusammenarbeit wieder in eine tiefe Krise geschlittert. Wie in den Hochzeiten des Kalten Krieges ist der Weltsicherheitsrat mit seinen fünf ständigen Mitgliedern USA, China, Russland, Großbritannien und Frankreich bei wichtigen Entscheidungen blockiert. Russlands völkerrechtswidriger Angriffskrieg ist ein Extrembeispiel für die Blockade des multilateralen Systems: Es ist völlig ausgeschlossen, dass die UNO als zuständige internationale Organisation Zwangsmittel gegen den Aggressor beschließt, der die territoriale Integrität der Ukraine und das Völkerrecht mit Füßen tritt. Als eines der fünf ständigen Mitglieder des Sicherheitsrats kann Russland stets ein Veto einlegen, damit ist jede Resolution vom Tisch. Auch in anderen Fällen stehen sich die drei westlichen ständigen Sicherheitsratsmitglieder USA, Großbritannien und Frankreich auf der einen und China und Russland auf der anderen Seite zunehmend unversöhnlich gegenüber.

Insgesamt wirken multilaterale Sanktionen jedoch deutlich stärker als Maßnahmen von einem einzelnen Staat oder einer kleinen Staatengruppe. Einfach gesagt: Je mehr Staaten sich zu einer Sanktionskoalition zusammenfinden und je größer ihre Wirtschaftskraft, desto höher sind die Erfolgsaussichten. Damit zusammenhängend erzwingen „kostspielige" Sanktionen häufiger ein politisches Umsteuern.

Abbildung 6 fasst zusammen, was Zwangsmaßnahmen wirksamer macht. Ein schneller Blick zeigt bereits, dass Sanktionierende entscheidende Erfolgsfaktoren oft nicht direkt beeinflussen können. Sanktionsziele sind in der Regel autoritär regiert, es bestehen häufig keine engen wirtschaftlichen und politischen Verbindungen zwischen Sanktionsmacht und

Ziel und die Adressaten der Sanktionen verfügen mitunter über erhebliche eigene Machtressourcen.

Abbildung 6: Erfolgsfaktoren

Nicht direkt beeinflussbar	**Direkt beeinflussbar**
Demokratische Ziele, bei Diktaturen personalisierte Regime	Drohung mit Sanktionen
Enge wirtschaftliche und politische Beziehungen zum Sanktionsziel	Forderungen sind beschränkt und klar formuliert
Zielstaat hat nur wenige eigene Machtressourcen und ist wirtschaftlich schwach	Breite Sanktionskoalition
	Umfassende Maßnahmen

Russland ist ein extremes Beispiel, in dem zentrale Erfolgsfaktoren nicht gegeben sind: Wie ausgeführt, übt der größte Flächenstaat der Erde als ständiges Mitglied im Sicherheitsrat der Vereinten Nationen eine enorme Machtposition aus. Das Land besitzt noch immer eine Wirtschaftsleistung, die etwa der Spaniens entspricht und verfügt über die strategischen Ressourcen Öl und Erdgas, die es vor kurzfristigem Sanktionsdruck schützen. Die Atommacht hat wiederholt mit dem Einsatz ihrer Nuklearwaffen gedroht. Lediglich die umfassende Sanktionskoalition von mindestens 45 Staaten (eigene Erfassung anhand von Angaben der Sanktionsmächte), die wiederholte deutliche Verurteilung des Einmarschs in der UNO-Generalversammlung und die schiere Härte der verhängten Maßnahmen steigern die Erfolgsaussichten des Sanktionsdrucks. Allerdings ist auch dies nicht eindeutig: Zwar haben die USA, alle EU-Mitgliedsstaaten und ihre Verbündeten, die mehr als 50 Prozent der globalen Wirtschaftsleistung produzieren, Russland mit Sanktionen belegt, andere wichtige

Akteure wie China, Indien, die Türkei, Brasilien und Südafrika jedoch nicht. Außerdem ist Russland – wie ich weiter unten zeige – ein ausgesprochen untypisches Sanktionsziel.

Der unterschätzte Erfolg von Demokratiesanktionen

Seit dem Ende des Kalten Krieges soll die überwältigende Mehrheit der von den Vereinigten Staaten, der EU und den Vereinten Nationen gegen autoritäre Regime gerichteten Sanktionen freie und faire Wahlen, den Sturz von Herrschern und den Schutz der Menschenrechte erzwingen. Häufig prangern die westlichen Absender mit ihren Maßnahmen die „Verletzung der Menschenrechte" und „Eingriffe in demokratische Prozesse" in anderen Staaten an. Das klingt sehr abstrakt. Was heißt das für die betroffenen Menschen, für die Opfer staatlicher Gewalt (die natürlich nicht nur Opfer sind, sondern eigene Handlungsmacht haben)?

Beispiele aus Simbabwe, einem Land im südlichen Afrika mit ungefähr 16 Millionen Einwohnern, verdeutlichen, welche gravierenden Folgen die staatliche Unterdrückung für Regimegegner, Aktivisten und unabhängige Journalistinnen und Journalisten hat. Das dortige Regime von Präsident Emmerson Mnangagwa schüchtert systematisch Kritikerinnen und Kritiker ein und versucht, die Opposition im Land zu zerschlagen. Auf die gewaltsame Niederschlagung von Protesten gegen die schlechten Lebensbedingungen im Januar 2019 folgten zwei Jahre harter Repressionen, Jugendbanden und der Sicherheitsapparat terrorisierten Mitglieder der Opposition und Protestierende.

Am 13. Mai 2020 verschwanden plötzlich drei junge Politikerinnen – unter ihnen eine Parlamentsabgeordnete – der

Oppositionspartei MDC Alliance. Sie wurden sexuell misshandelt und gefoltert und erst nach drei Tagen wieder freigelassen. Die Staatsanwaltschaft nahm Ermittlungen auf. Allerdings nicht gegen die Täter, sondern gegen die drei jungen Oppositionspolitikerinnen. Sie warf ihnen vor, ihre Entführung und die Folter nur vorgetäuscht zu haben und ordnete Untersuchungshaft an.[10] Weitere Oppositionsmitglieder und führende Vertreter der Zivilgesellschaft in Simbabwe wurden sogar aus ihren Häusern entführt. Wiederholt verhaftete die Polizei den prominenten Journalisten Hopewell Chin'ono. Er verbrachte mehrere Wochen in Hochsicherheitsgefängnissen, nachdem er Korruptionsskandale in der Regierung aufgedeckt hatte. Bereits ein regierungskritischer Tweet reicht aus, um wie zwei Oppositionspolitiker im Januar 2021 unter dem Vorwurf der „Veröffentlichung oder Verbreitung von staatsgefährdenden Unwahrheiten" verhaftet zu werden.

Ich hatte die Gelegenheit, die führenden Oppositionspolitiker Nelson Chamisa, Tendai Biti und den 2018 gestorbenen ehemaligen Ministerpräsidenten Morgan Tsvangirai zu interviewen. Alle berichteten davon, wie staatliche Stellen in Simbabwe systematisch Parteimitglieder und Aktivisten der Zivilgesellschaft verfolgen und einschüchtern, um die Macht des Regimes zu sichern. Der ehemalige Finanzminister Tendai Biti und andere hochrangige Politikerinnen und Politiker der Opposition wurden bereits mehrfach verhaftet und verbrachten lange Zeit in Untersuchungshaft. Das rücksichtslose Vorgehen der Sicherheitsorgane sendet eine deutliche Warnung an all jene, die es wagen, sich gegen die Regierung zu stellen.

Viele Regierungen, die die Demokratie beschädigen, versuchen, eine rechtmäßige Fassade zu wahren und gehen subtiler gegen Gegenkräfte vor, die sich ihrer Machtfülle entgegenstellen. So hat die Regierung von Viktor Orbán das ungarische

Verfassungsgericht nicht völlig entmachtet, sondern die Richterbank mit loyalen Richterinnen und Richtern besetzt.[11] In Belarus sahen sich unabhängige Zeitungen und Fernsehsender schon früh nach Präsident Lukaschenkos Machtübernahme im Jahr 1994 mit exorbitanten Mietsteigerungen und Schwierigkeiten bei der Suche nach Büroräumen konfrontiert.[12]

Gegen diese Verletzung von demokratischen Prinzipien und Menschenrechten gehen westliche Staaten vor. Doch „Demokratiesanktionen“ haben einen schlechten Ruf. Und tatsächlich lassen sich viele Beispiele finden, bei denen Sanktionen als Instrument der Demokratieförderung von außen gescheitert sind. Noch einmal zurück nach Simbabwe: Sowohl die USA als auch die EU belegten das autoritäre Regime seit Beginn der 2000er-Jahre mit Zwangsmaßnahmen. Beide Sanktionsmächte stoppten ihre Entwicklungshilfe, verhängten Reiseverbote gegen die Regierungselite des Landes und froren ihr Vermögen im Ausland ein. Zum vollständigen Bild gehört zudem, dass Simbabwe seit langer Zeit seine Schulden bei der Weltbank und dem Internationalen Währungsfonds nicht zurückgezahlt hat. Aus diesem Grund vergeben die beiden wichtigen Entwicklungsbanken keine neuen günstigen Kredite an das Land mehr. Das Regime unter Langzeitherrscher Robert Mugabe blieb jedoch bis zum Militärputsch im November 2017 bemerkenswert stabil und setzte weiter auf Gewalt, willkürliche Verhaftungen und Angst, um sich an der Macht zu halten. Außerdem diente der Militärputsch gegen Mugabe gerade dazu, die Vorherrschaft der Regierungspartei ZANU-PF zu sichern.

Und es gibt noch weitere schlechte Nachrichten. Einige wissenschaftliche Untersuchungen zeigen, dass Sanktionen nicht nur unwirksam, sondern sogar kontraproduktiv sein können. Forscherinnen und Forscher argumentieren, dass autoritäre Regime im Schnitt nicht demokratischer werden, sondern ihre Gewalt noch weiter hochfahren, wenn der Westen oder die Vereinten Nationen sie mit Strafen belegen.[13] Regierungen unter Sanktionsdruck verschärfen die Demonstrationsgesetze, setzen freie Medien und die Opposition unter Druck und knüppeln Demonstrierende nieder.

Mein Kollege Michael Wahman und ich haben mit einem Datensatz eingehend analysiert, wie Sanktionen, die demokratische Reformen im Ausland fördern sollen, funktionieren.[14] Wir kamen im Gegensatz zu früheren Studien zu dem Schluss, dass die sogenannten Demokratiesanktionen besser wirken als gedacht. Im Durchschnitt helfen sie tatsächlich dabei, den Schutz der Menschenrechte und demokratischer Rechte in den autoritären Zielstaaten zu verbessern. Außerdem haben sie noch viel tief greifendere Auswirkungen: In autoritären Staaten unter Demokratiesanktionen verlieren Herrscher häufiger ihre Macht. Das führt nicht zwangsläufig zu einer vollwertigen liberalen Demokratie, ermöglicht aber häufig immerhin eine stärkere politische Kontrolle der Regierung oder das Abhalten von Mehrparteienwahlen.

Wie ist dieser Befund zu erklären? In der Tat folgt auf internationale Sanktionen oft unmittelbar stärkere Repression von staatlichen Stellen. Autoritäre Regierungen wollen damit eine gestärkte Opposition bekämpfen. Die Forschung hat aber häufig nur auf den kurzfristigen Anstieg staatlicher Gewalt geschaut, während Demokratiesanktionen langfristig eher positiv wirken.

Autoritäre Regime sichern ihre Herrschaft mit einem Mix aus Repression und Vergünstigungen, zum Beispiel Posten im Staatsdienst, Schmiergeld oder öffentliche Aufträge. Sanktionen können den Nachschub mit Geld und Gütern aus dem Ausland und damit das Wirtschaftswachstum verringern. Sie signalisieren außerdem, dass die Absender der Sanktionen mit dem Verhalten der Regierung nicht einverstanden sind. Ohne die finanziellen Möglichkeiten, Oppositionelle und Gegeneliten zu „kaufen", greifen gerade arme autoritäre Regime häufig zu verstärkter Gewalt. Repression wirkt allerdings oft nur für kurze Zeit und führt langfristig häufig zu verstärkten Protesten, die Diktatoren ins Wanken bringen können. Frühere Untersuchungen haben bereits gezeigt, dass wirtschaftliche Krisen eine der wichtigsten Ursachen für Regimewechsel und demokratische Reformen sind: Unzufriedene Bürgerinnen und Bürger sowie Teile der Elite wenden sich gegen die Regierung, die nicht „liefert". Wie beim Zusammenbruch der Sowjetherrschaft kann das ganze System kollabieren.

Demokratiesanktionen können damit auf zwei Wegen demokratische Rechte im Zielstaat stärken: Einerseits durch den Zusammenbruch des autoritären Regimes, andererseits durch demokratische Zugeständnisse der sanktionierten Regierung, ohne dass diese fällt. In Guatemala stürzte 1993 das Militär den damaligen Präsident Jorge Antonio Serrano, der das Parlament verfassungswidrig aufgelöst hatte, nachdem die USA und ihre Verbündeten Sanktionen verhängt hatten. Ein Interimspräsident übernahm das Amt und die demokratischen Institutionen des Landes wurden in der Folge formal wiederhergestellt. Die Erwartungen sollten aber bescheiden bleiben. Demokratiesanktionen führen nur selten sofort zu liberalen Demokratien, die die Rechte ihrer Bürgerinnen und Bürger umfassend schützen. Häufiger ist, wenn überhaupt, ein Regimewechsel, bei dem eine sehr repressive Diktatur durch eine elektorale Autokratie, also ein nicht demokratisches System, in dem es Wahlen gibt, ersetzt wird. Auch wenn ein solcher Wechsel nicht auf eine vollständige Demokratie hinausläuft, erhöht er doch zumindest den politischen Wettbewerb und die Chancen, dass das Land in Zukunft demokratischer wird.

In Peru trugen die Sanktionen zu einer Verbesserung bei, ohne dass der Herrscher sofort seine Macht verlor. Als Reaktion auf eine Verfassungskrise im April 1992 setzte der damalige Präsident Alberto Fujimori die Verfassung außer Kraft und tauschte die Richterinnen und Richter des Obersten Gerichtshofs durch eigene Gefolgsleute aus. Als Fujimori auch noch das Parlament in der Hauptstadt Lima auflöste, stoppten die USA ihre Militär- und Wirtschaftshilfen und blockierten Perus Kredite von internationalen Finanzinstitutionen wie der Weltbank. Schließlich lenkte Fujimori ein. Er erklärte sich bereit, Wahlen abzuhalten und das Parlament wieder einzusetzen. Obwohl sich Fujimori noch weitere acht Jahre bis 2000 an der Macht hielt, wurde das politische Klima Perus für den Rest seiner Amtszeit zumindest offener. Die Gegner Fujimoris mussten weniger fürchten, von der Polizei oder anderen Sicherheitsorganen verfolgt zu werden.

Eine weitere Einschränkung: Mit Demokratiesanktionen verfolgen die USA und andere Sanktionsmächte nicht nur das hehre Ziel der politischen Öffnung, sondern auch ein machtpolitisches Kalkül. Im Kalten Krieg diente ein erzwungener Regimewechsel – zum Beispiel in Lateinamerika – häufig dazu, wohlgesonnene Regierungen an die Macht zu bringen. Seit 1960 sind die amerikanischen Zwangsmaßnahmen gegen Kuba dafür ein besonders drastisches Beispiel. Die USA verbinden bis heute ihre Strafen mit der direkten Forderung nach einem Regimewechsel. Sicher tritt die Regierung des Inselstaats die demokratischen Rechte ihrer Bürgerinnen und Bürger mit Füßen. Gleichzeitig handelt es sich aber um ein nicht genehmes sozialistisches Regime, das der weltbekannte Revolutionär Fidel Castro von 1959 bis 2008 führte und das der Großmacht die Stirn bietet.

5 Wann Sanktionen erfolgreich sind: Südafrika, Libyen und Iran

Sanktionen wirken auf verschiedene Weisen. Und wie wir gesehen haben, verfehlen sie häufig genug ihr Ziel. Jedoch können sie unter bestimmten Bedingungen den Wandel anschieben. Im Folgenden stelle ich drei unterschiedliche Fälle vor. Was können wir von Südafrika, Libyen und Iran über die Wirkung internationaler Zwangsmittel lernen?

Südafrika: Das Ende der Apartheid

Um vier Uhr nachmittags tritt am 11. Februar 1990, mitten im südafrikanischen Sommer, der berühmteste politische Gefangene der Welt durch das Tor des Victor-Verster-Gefängnisses bei Kapstadt. Nach 27 Jahren in Haft verlässt der im Anzug gekleidete, mittlerweile 71-jährige Nelson Mandela als freier Mann die Haftanstalt mit einem entschlossenen Gesichtsausdruck, Hand in Hand mit seiner Frau Winnie. Als er mitten in der Menge von begeisterten Unterstützerinnen und Unterstützern sowie Kamerateams steht, hebt er die rechte Faust als Zeichen des Widerstands und des Sieges über das rassistische Apartheidregime in Südafrika. Die Menschen im Land sind begeistert und erleichtert.

„Free Nelson Mandela" war auch international zum Slogan des Widerstands gegen die Apartheid geworden. Dass Mandela aus dem Gefängnis entlassen wurde, war ebenso ein Erfolg für den wirtschaftlichen Druck von außen.[1] Schon früh reagierte die Weltgemeinschaft mit ersten Sanktionen auf die brutale Unterdrückung der schwarzen Bevölkerungsmehrheit in Südafrika: Im August 1963 beschloss der UN-Sicherheitsrat ein freiwilliges Waffenembargo gegen das Land, während die UNO-Generalversammlung alle Mitgliedsstaaten aufforderte, kein Öl mehr nach Südafrika zu liefern. Als das Apartheidregime am 16. Juni 1976 demonstrierende Schüler in Soweto brutal niederknüppeln ließ, formierte sich ein landesweiter Proteststurm. Die Gewalt der Sicherheitskräfte mobilisierte weite Teile der schwarzen Bevölkerung, ihr Widerstand radikalisierte sich.

Dies wurde zum Wendepunkt im Kampf gegen den staatlichen Rassismus. Seit Beginn der 1980er-Jahre mussten die Sicherheitskräfte überall in Südafrika mit Streiks und Sabotage rechnen. Die Opposition um Nelson Mandelas Partei, den damals verbotenen African National Congress (ANC), erklärte öffentlich, die Townships, in denen die schwarze Bevölkerungsmehrheit lebte, „unregierbar" zu machen. Im August 1983 formierte sich aus mehr als 400 Gruppen die mächtige Bewegung United Democratic Front. Der Apartheidstaat war auch durch einen landesweiten Ausnahmezustand im Jahr 1986 nicht mehr fähig, die Lage unter Kontrolle zu halten und die Massenproteste einzudämmen. Die Gewalt eskalierte und internationale Sanktionen wurden schärfer.

Schon als Reaktion auf die Soweto-Unruhen verhängte der Weltsicherheitsrat im November 1976 ein verpflichtendes Waffenembargo, um den Nachschub mit Waffen, Munition und Tränengas zu unterbrechen. Mitte der 1980er-Jahre rollte eine neue Sanktionswelle. Bemerkenswerterweise drängten vor allem zivilgesellschaftliche Gruppen in westlichen Staaten wie den USA, Großbritannien und Deutschland ihre Regierungen, die weiße Apartheidregierung zu isolieren. Aber es waren nicht nur die – zuerst zögerlichen – Regierungen im Westen. Breit angelegte Boykottkampagnen wie „Kauft keine Orangen aus Südafrika" machten Bürgerinnen und Bürger in aller Welt zur Sanktionsmacht. 1986 zog sich die Sanktionsschlinge weiter zu. Die Europäische Gemeinschaft, die Vorgängerin der Europäischen Union, und die USA blockierten die Importe von Kohle, Stahl und Gold aus Apartheid-Südafrika. Sie verboten Investitionen in alle für das Land wichtigen Wirtschaftsbereiche. Die zivilgesellschaftliche „Divestment-Kampagne", der öffentliche Druck auf Firmen, sich aus Südafrika zurückzuziehen, erreichte einen Höhepunkt. Großkonzerne wie IBM, General Motors und Barclays verließen das Land. Ein Drittel der internationalen Unternehmen ging und zog sein Kapital ab.[2]

Der Druck wuchs immens und zielte auf Südafrikas gesamtes Wirtschaftsleben und die Gesellschaft. Der Ausschluss von internationalen Sportwettkämpfen war besonders schmerzlich: Südafrikanische Sportlerinnen und Sportler durften nicht mehr an Weltmeisterschaften oder Olympiaden teilnehmen.[3] Politisch wie wirtschaftlich war der Apartheidstaat durch Sanktionen geächtet, die Landeswährung Rand im freien Fall. Landesweite Proteste legten das Land lahm.

Ein entscheidender Impuls kam nun auch von Südafrikas Unternehmen und Geschäftsleuten. Konfrontiert mit der strukturellen Wirtschaftskrise forderten sie von der regierenden National Party einen grundlegenden Wandel. Sie stärkten ihre Kontakte zum Widerstand und der Zivilgesellschaft, die für den Wandel kämpften. Zunehmend äußerten Wirtschaftsleute ihre Kritik auch öffentlich – eine entscheidende Stütze des Apartheidstaats brach weg.[4]

Die Regierung zog schließlich die Notbremse. Im Februar 1990 ließ Südafrikas Präsident Frederik Willem de Klerk den ANC wieder zu und läutete damit das Ende der Apartheid ein. So wurde Südafrika zum klassischen Fall der sogenannten Transitionstheorie: Die landesweiten Proteste, die tiefe

Wirtschaftskrise und die internationale Isolation spalteten die Regierungselite in Konservative und Reformer. Im September 1989 bestritt der spätere Friedensnobelpreisträger Frederik Willem de Klerk die letzten Apartheidwahlen als Spitzenkandidat der regierenden National Party. Er hatte seinen gesundheitlich angeschlagenen Vorgänger Pieter Willem Botha, wegen seiner Unbarmherzigkeit das „große Krokodil" genannt, ersetzt. Südafrikas Regimewechsel kam dabei – ähnlich wie in osteuropäischen Transitionsstaaten – durch Verhandlungen zwischen alter Regierung und Oppositionskräften zustande. Nun wurde vielen im Regime klar, dass die Kosten von „maximalen" Lösungen, von noch mehr Gewalt und Kampf, dramatisch höher lagen als von Verhandlungen. Gleichzeitig war die Anti-Apartheidbewegung um den ANC und die United Democratic Movement nicht stark genug, das Regime hinwegzufegen. Der Apartheidstaat wäre trotz seiner tiefen Krise mit seinem immensen Sicherheitsapparat wohl noch jahrelang in der Lage gewesen, seine Herrschaft zu verteidigen.

Die Erkenntnis, dass eine ausgehandelte Transition der alten Regierung und ihren Anhängern mehr nutzt als ein Land im ständigen Ausnahmezustand, brachte de Klerk an den Verhandlungstisch. Mit der Wiederzulassung des ANC im Jahr 1990 änderte sich die Situation grundlegend. Schon 1991 kam die demokratische Dividende, westliche Staaten hoben ihre Strafmaßnahmen auf. Mit der Wahl des späteren Friedensnobelpreisträgers und international verehrten Symbols der „Regenbogennation", Nelson Mandela, kehrte das Land 1994 vollends in die internationale Staatengemeinschaft zurück.

Der Fall Südafrika zeigt, dass die Wirkung der Zwangsmittel von außen immer von den Prozessen im Zielstaat abhängt. Im Vergleich zu anderen Sanktionszielen war das politische

System relativ plural. Der breite Widerstand der Bevölkerung, aus Unternehmen und liberaleren Kräften im Regime, setzte die Apartheidregierung zunehmend unter Druck. Wichtig ist aber: Die Sanktionen wirkten als Verstärker. Sie leisteten einen wichtigen, aber nicht den entscheidenden Beitrag zur Freilassung von Nelson Mandela und dem Ende der Apartheid. Dieser ging vom Widerstand der schwarzen Bevölkerungsmehrheit und den Rissen im zuvor hermetischen Block des Apartheidstaats aus.

Libyen: Auslieferung der Flugzeugattentäter

Der libysche „Revolutionsführer“ Muammar al-Gaddafi war einer der schillerndsten und am längsten herrschenden Machthaber weltweit. Nachdem er Libyens König Idris I. 1969 aus dem Amt geputscht hatte, beherrschte der Autokrat das nordafrikanische Land bis zu seiner Ermordung im Oktober 2011 über 42 Jahre lang. Nach seinem Staatsstreich verstaatlichte Gaddafi umgehend die Ölindustrie und warf amerikanische Ölfirmen aus dem Land. Mit dieser Politik der „Selbstbefreiung“ brachte er westliche Staaten, vor allem natürlich die USA, gegen sich auf. Neben der Gewalt gegen jede Art von Opposition entwickelte sich das Gaddafi-Regime schnell zum internationalen Störenfried: Es verübte Terroranschläge in westlichen Staaten und begann, Chemie- und Atomwaffen zu entwickeln. Die Vereinigten Staaten reagierten umgehend: 1979 setzte Präsident Jimmy Carter Libyen auf die Bannliste der Terrorunterstützer. Die folgenden Sanktionen zielten direkt auf den Ölsektor, die Lebensader Libyens.[5] Dies stellte Gaddafi nicht vor grundlegende Probleme, da sein Regime die Öllieferungen schlicht nach Europa umleitete. Europäische

Staaten sahen Tripolis zu der Zeit nicht als Gefahr und kauften den libyschen Brennstoff gern.

Erst eine Kette von Terroranschlägen in der Luft und auf europäischem Boden machte das Regime endgültig zum weltweiten Paria. Auch Deutschland war dabei Schauplatz. In der Nacht des 5. April 1986 explodierte eine Bombe in der Diskothek La Belle in Berlin-Friedenau. Drei Menschen – darunter zwei US-Soldaten – starben, 250 wurden verletzt und erlitten zum Teil schwerste Verbrennungen. Schnell war klar, dass libysche Geheimagenten für den Anschlag verantwortlich waren. Dabei blieb es nicht. Am 21. Dezember 1988 riss Plastiksprengstoff einen Jumbojet, Pan Am-Flug 103, über der schottischen Kleinstadt Lockerbie auseinander. An Bord starben 259 Menschen, im Ort Lockerbie wurden elf Personen getötet. Nach einem weiteren Anschlag auf eine französische Passagiermaschine über dem westafrikanischen Niger am 19. September 1989 mit 170 Toten antwortete der UNO-Sicherheitsrat mit einschneidenden Sanktionen: Er fror weltweit Konten der libyschen Regierung ein und setzte ihren Besitz fest. Der Rat untersagte außerdem die Lieferung von Technik zur Förderung von Öl und Gas und verhängte ein striktes Waffenembargo gegen das Land. Alle Flüge nach Tripolis, der Hauptstadt Libyens, wurden gestrichen.

Die Zwangsmittel der Weltgemeinschaft schnürten die Wirtschaft des Landes ab, trieben die Inflation in die Höhe und wurden für Gaddafi zur innenpolitischen Bedrohung. Die bereits in den 1980er-Jahren von den USA verhängten Strafen sowie die UN- und EU-Terrorsanktionen isolierten das Land und bremsten die libysche Volkswirtschaft massiv ab. Gaddafis Regierung schätzte, dass die Sanktionen Libyen 30 Milliarden US-Dollar kosteten.[6] Sie konnte die von US-Technologie abhängige Ölförderung immer schwieriger aufrechterhalten.

Hammouda El-Aswad, der Chef von Libyens National Oil Corporation erklärte 1999, „die Amerikaner kannten unsere Ausrüstung und setzten jedes Teil auf die Sanktionsliste. Das Problem wurde 1992 mit dem UN-Embargo noch größer, weil wir nicht mehr auf dem offenen Markt kaufen konnten."[7]

Der Sanktionsdruck wirkte. Als Gaddafi im April 1999 bekannt gab, zwei libysche Geheimdienstbeamte, die verdächtigt wurden, Pan Am-Flug 103 über Lockerbie gesprengt zu haben, auszuliefern, setzten die UNO und die EU ihre Strafmaßnahmen aus. Die US-Regierung unter Präsident Bill Clinton forderte dagegen weitere Schritte: Libyen sollte die Opferfamilien entschädigen, sich zum Lockerbie-Anschlag bekennen und seine Terroraktivitäten nachprüfbar ein für alle Mal beenden.

Nachdem die UN ihre Sanktionen im September 2003 aufgehoben hatten, bleiben die US-Auflagen deswegen in Kraft. „Revolutionsführer" Gaddafi erklärte schließlich am 19. Dezember 2003 überraschend das endgültige Aus für das libysche Massenvernichtungswaffen-Programm. Das Atommaterial, die Chemiewaffen und alle ballistischen Raketen wurden vernichtet. Außerdem ließ das Regime internationale Inspektoren ins Land. Zuvor hatte es bereits Fortschritte beim Thema Terrorismus gegeben: Die libysche Seite stimmte zu, 2,7 Milliarden US-Dollar an die Familien der Lockerbie-Opfer zu zahlen. Die Hinterbliebenen und Verletzten anderer Anschläge wie dem von La Belle in Berlin erhielten ebenfalls Entschädigungen. Im Gegenzug beendeten die Vereinigten Staaten ihre Wirtschaftssanktionen. Westliche Konzerne wurden im ölreichen Libyen erneut aktiv, viele westliche Staaten nahmen ihre diplomatischen Beziehungen zu Libyen wieder auf.

„Revolutionsführer" Gaddafi handelte nicht aus Überzeugung, sondern reagierte auf die wirtschaftlichen Zwänge, die die Sanktionen erzeugten. Der massive wirtschaftliche Druck bedrohte seinen Machterhalt, Gaddafi beugte sich der klassischen Coercing-Logik. Libyen ist damit einer der wenigen Fälle, in denen wir einen Kurswechsel eindeutig dem wirtschaftlichen Schmerz von internationalen Strafmaßnahmen zurechnen können.

Iran: Ende der Sanktionen als Wahlkampfversprechen

Die Zwangsmittel gegen Iran zeigen, unter welchen Bedingungen Sanktionen wirken. Gleichzeitig sieht man an dem Fall, wie Sanktionsmächte die Strafmaßnahmen missbrauchen können und diese ihre Anreizwirkung völlig verlieren. Seit 1979 gehört die Islamische Republik Iran zu den weltweit am stärksten sanktionierten Staaten überhaupt. Vor allem die USA, aber von 2006 bis 2016 auch die Vereinten Nationen, haben extremen Druck auf die Führung des Landes ausgeübt.

Sofort nach der „Islamischen Revolution" und der dramatischen Erstürmung der US-Botschaft in Teheran 1979 verhängte US-Präsident Jimmy Carter umfassende Sanktionen, um die Freilassung amerikanischer Diplomatinnen und Diplomaten zu erzwingen.[8] Die Mittel umfassten das Ende aller militärischen Zusammenarbeit und Entwicklungshilfe, ein Ölembargo, das Einfrieren iranischer Vermögen und 1980 schließlich den Abbruch aller diplomatischen Kontakte, ein Exportembargo und weitreichende Reisebeschränkungen.[9] Die Feindschaft mit der Weltmacht dominiert seitdem die Außen- aber auch die Innenpolitik der Islamischen Republik. Die Sanktionsschraube wurde noch fester angezogen. Nachdem die von Iran unterstützte Terrorgruppe Hisbollah 1984 in der libanesischen Hauptstadt Beirut einen Anschlag auf US-

Marines verübt hatte, setzte Präsident Ronald Reagan Iran auf die Liste der Staaten, die den Terrorismus unterstützen. Mit dieser Listung gehen automatisch harte Finanz- und Handelsverbote einher.[10]

Sanktionen gingen jedoch nicht nur von den USA aus. Andere Staaten fühlten sich vom wachsenden Nuklearprogramm Irans bedroht. Im Dezember 2006 verhängten die Vereinten Nationen zum ersten Mal verbindliche Strafen (Resolution 1737), um die iranische Regierung unter Präsident Mahmud Ahmadineschād zu zwingen, internationale Kontrollen des 2002 bekannt gewordenen Urananreicherungsprogramms zuzulassen. Die Maßnahmen verboten es, für das Atomprogramm nutzbare Technik nach Iran zu exportieren, zudem wurde das Vermögen von beteiligten Personen und Firmen eingefroren. Im Juni 2010 verschärfte die Sicherheitsratsresolution 1929 wegen Verstößen gegen den Atomwaffensperrvertrag die bestehenden Zwangsmaßnahmen weiter.

Entscheidend waren die einschneidenden Strafen Europas. Mit ihrem 2006 verhängten Paket ging die EU weit über die UN-Sanktionen hinaus. Die Strafen beinhalteten ein komplettes Waffenembargo, Einreiseverbote und Kontensperrungen sowie, als wirkungsvollste Maßnahme, Importsperren für iranisches Öl und Gas.[11] Auf Druck der USA unterstützten die Europäer außerdem den Ausschluss Irans aus dem weltweiten Bankensystem SWIFT. Als Irans Machthaber gewaltsam Proteste der „grünen Bewegung“ niederschlugen, verhängten die europäischen Regierungen im Jahr 2011 weitere Menschenrechtssanktionen gegen Iran.[12] Warum waren gerade die Sanktionen Europas so bedeutsam? Die Vereinigten Staaten hatten durch ihre mittlerweile über 40 Jahre andauernde Sanktionierung Irans alle Verbindungen zum Staat und damit auch ihre Einflussmöglichkeiten gekappt. Die EU und Deutschland waren dagegen weiter bedeutende Handelspartner und Ölkunden des Landes gewesen.

Die iranische Regierung stand buchstäblich einer Wand nicht nur westlicher, sondern von der Weltgemeinschaft erlassener Zwangsmittel gegenüber. Trotz humanitärer Ausnahmen für den Import von Lebensmitteln und Medikamenten kam das Sanktionsregime einem kompletten Embargo nahe. Der wirtschaftliche Zwang übersetzte sich in innenpolitischen Druck und drohte, das Regime zu ersticken.

Iran gehört zur Gruppe der sogenannten Wahlautokratien. Das Regime beschneidet zwar die Rechte der Opposition und geht – wie wir seit September 2022 wieder sehen – brutal gegen Protestierende vor. (Auslöser der landesweiten Demonstrationen war der Tod der 21-jährigen Jina Mahsa Amini, die von der Polizei festgenommen wurde, weil sie angeblich ihr Kopftuch nicht richtig getragen hatte.) Gleichzeitig treten ausgewählte Mitglieder der Politelite regelmäßig in landesweiten Wahlen an. Der reformorientierte Kandidat Hassan Rohani gewann die Präsidentschaftswahlen im Juni 2013 vor allem deshalb mit einer überwältigenden Mehrheit, weil er seinen Landsleuten „gegenseitiges Vertrauen" zwischen Iran und der internationalen Gemeinschaft und eine bessere Beziehung zum Westen versprach. Er kündigte „größere Transparenz" beim iranischen Nuklearprogramm an und versprach, Kontrollen zu ermöglichen. Damit weckte er die Hoffnung auf ein Ende der schmerzhaften Strafen, die die Inflation des Landes in die Höhe und die Wirtschaft in die Krise trieben.[13]

Nach den Tiraden seines Vorgängers Mahmud Ahmadineschäd senkte Hassan Rohani tatsächlich die innen- und außenpolitische Temperatur. Die sogenannte P5+1-Gruppe (China, Frankreich, Großbritannien, Russland, die USA und Deutschland) startete Verhandlungen über das iranische Atomprogramm und ein Ende der Nuklearsanktionen. Nachdem die iranische Regierung schließlich im Oktober 2015 dem ausgehandelten „Gemeinsamen umfassenden Aktionsplan“ (Joint Comprehensive Plan of Action, JCPOA) zur Kontrolle und Begrenzung ihres Atomprogramms zugestimmt hatte, hob die Weltgemeinschaft ihre Beschränkungen auf. Der Druck hatte gewirkt. In der Tat stiegen nach der Einigung Irans Ölexporte, eingefrorenes Vermögen im Ausland wurde freigegeben und die iranische Wirtschaft stabilisierte sich.[14] Für kurze Zeit wirkte die Wirtschaft des 88-Millionen-Einwohner-Landes wie ein Magnet für ausländische Investoren, vor allem aus Europa. Trotz dieses Verhandlungserfolgs blieben aber die Menschenrechtssanktionen der USA und der EU in Kraft.

Gleichzeitig steht Iran für den Missbrauch des Sanktionsinstruments. Im Mai 2018 erklärte US-Präsident Donald Trump, ohne sich mit den Verbündeten der USA abgestimmt zu haben, sofort aus dem JCPOA auszusteigen und verhängte umgehend eine neue Runde strenger Strafmaßnahmen. Amerikas Außenminister Mike Pompeo präsentierte eine Liste mit zwölf völlig unterschiedlichen Forderungen, von denen acht nichts mit dem Atomprogramm zu tun hatten, und erklärte: „Wenn wir fertig sind, werden dies die schärfsten Sanktionen der Geschichte sein.“[15] Außerdem verhängten die USA sogenannte Sekundärsanktionen gegen Personen und Firmen, die den amerikanischen Zwangsmaßnahmen nicht folgten, die weiter iranischen Institutionen Geld überwiesen, mit ihnen Handel trieben oder andere Kontakte zu ihnen unterhielten. Die erneuten US-Maßnahmen wirkten verheerend und führten Iran in eine neue Wirtschaftskrise. Schnell fielen die Ölexporte um mehr als die Hälfte, die Wirtschaft schrumpfte um sechs Prozent und die Währung, der iranische Rial, verlor mehr als 60 Prozent ihres Wertes.[16]

Ohne jeden Zweifel unterdrückt das iranische Regime die eigene Bevölkerung brutal und gefährdet den Frieden im Nahen Osten und weltweit – wie wir an den iranischen Drohnenlieferungen an Russland sehen. Die westlichen Menschenrechtssanktionen gegen Iran blieben deshalb immer bestehen. Infolge der rücksichtslosen Verfolgung und Ermordung von Protestierenden seit September 2022 haben die USA, Europa und ihre Partner die Sanktionsschraube weiter festgezogen. Die Aufkündigung des Nukleardeals im Mai 2018 durch Präsident Trump war allerdings nichts weniger als ein Vertragsbruch und fügte dem Sanktionsinstrument schweren Schaden zu: Warum sollen sich Zielstaaten an Abmachungen halten, wenn die USA aus rein innenpolitischen Motiven einen solchen Deal platzen lassen? Trumps Entscheidung erwies der Sache einen Bärendienst. Iran hat in den vergangenen Jahren die Menge von hochangereichertem Uran massiv erhöht und ist der Atombombe damit wieder näher gekommen. Der einseitige Rückzug vom mühsam ausgehandelten Nukleardeal brachte außerdem die Europäer, den wichtigsten Partner der Vereinigten Staaten, gegen die Großmacht auf.

Der Fall Iran zeigt, unter welchen Bedingungen Sanktionen erfolgreich sein können. Die Nuklearsanktionen führten zum JCPOA, weil die Vereinten Nationen und westliche Staaten ihren wirtschaftlichen Zwang mit präzisen und erfüllbaren Forderungen – dem weitgehenden Ende der Urananreicherung und internationalen Kontrollen – verknüpften. Zudem hatten die Resolutionen der Weltgemeinschaft eine hohe Legitimität. Der wirtschaftliche Zwang verhalf Hassan Rohani 2013 zum Wahlsieg, er hatte versprochen „mehr Transparenz“ zu schaffen, also Kontrollen des iranischen Atomprogramms zuzulassen und damit die internationale Isolierung seines Landes zu beenden. Sanktionen wirkten als Anreiz, bis die Trump-Regierung nur zweieinhalb Jahre später aus dem Abkommen ausstieg und neue Strafen verhängte.

Was die Erfolgsfälle gemeinsam haben

Die unterschiedlichen Beispiele Südafrika, Libyen und Iran zeigen uns, dass Sanktionen den Anstoß zu einem Umsteuern des Sanktionsziels geben können, wenn die Bedingungen in den Zielstaaten dies erlauben. Sie müssen dazu die politischen Prozesse und die Kosten-Nutzen-Rechnungen der sanktionierten Regierungen verändern. In Südafrika fachten die Zwangsmittel die Wirtschaftskrise und die Proteste weiter an, sie wirkten als Verstärker. In Libyen und Iran zielten sie auf den wirtschaftlichen Kern der Ölstaaten und veränderten so die Kalkulation von Machthaber Gaddafi und den Mullahs in Iran. Das herrschende System muss sich also öffnen und der Druck an der richtigen Stelle ansetzen. In allen drei Fällen übten zudem die Vereinten Nationen umfassenden Druck aus, den die Machthaber nur schwer als ungerechtfertigte Einflussnahme von außen delegitimieren konnten.

6 Risiken und Nebenwirkungen: Wenn Sanktionen schaden

Die Forschung ist sich einig: Sanktionen scheitern oft nicht nur, sondern fügen der Bevölkerung in den Zielstaaten häufig massiven Schaden zu. Wie wir gesehen haben, greifen sanktionierte Machthaber oftmals zu Gewalt, Folter und Zensur, um zu verhindern, dass ihr Regime ins Wanken gerät. Sie verschärfen die Demonstrationsgesetze, setzen freie Medien unter Druck und knüppeln Protestierende nieder.[1] Das sind jedoch nicht die einzigen Folgen: Umfassende Handels- und Finanzbeschränkungen greifen tief in das Leben der Menschen ein und verschlimmern oft das Leid der verwundbarsten Mitglieder der Gesellschaft. Dies zeigen soziale Gradmesser wie die öffentliche Gesundheit, Einkommensgleichheit und die Versorgung mit Lebensmitteln. Ärmere leiden besonders stark unter dem wirtschaftlichen Druck von außen.[2] Außerdem sind Frauen im Durchschnitt zu einem Viertel stärker von den Zwangsmitteln betroffen als Männer, auch Kinder sind besonders armutsgefährdet.[3]

Beispiele wie Afghanistan, Iran und Syrien zeigen, dass umfassende Sanktionen trotz humanitärer Ausnahmen häufig zulasten breiter Bevölkerungsgruppen gehen. Den entscheidenden Wendepunkt für die internationale Sanktionspolitik brachte jedoch das Embargo der Vereinten Nationen gegen den Irak Ende der 1990er- und Anfang der 2000er-Jahre.

Irak: Das UN-Embargo als Machtressource für Saddam Hussein

Die damalige US-Botschafterin bei den Vereinten Nationen und spätere Außenministerin Madeleine Albright bezeichnete ihre Aussage später als „schrecklichen Fehler, unbedacht, plump und falsch".[4] In einem landesweit vom Fernsehsender CBS ausgestrahlten Interview war sie im Mai 1996 nach den Auswirkungen des strikten UN-Embargos gegen den Irak gefragt worden. Diktator Saddam Hussein hatte 1990 den Nachbarn Kuwait überfallen, seine Truppen waren erst durch den folgenden Golfkrieg ein Jahr später wieder aus dem Land vertrieben worden. Noch immer verdächtigten die USA und andere Staaten Saddam Husseins Regierung, Massenvernichtungswaffen zu horten. Außerdem sollte der Irak Reparationen an das Nachbarland zahlen. Interviewerin Lesley Stahl fragte Albright nach den Folgen der Zwangsmaßnahmen: „Wir haben gehört, dass eine halbe Million Kinder [im Irak] gestorben sind. Ich meine, das sind mehr Kinder, als in Hiroshima starben. Und, ist es dieser Preis wert?" Dies bejahte Albright: „Ich glaube, das ist eine sehr schwierige Entscheidung. Aber der Preis – wir denken, der Preis ist es wert."[5]

In der Tat war das vom Weltsicherheitsrat durch Resolution 661 und weitere Beschlüsse verhängte UN-Embargo in den 1990er-Jahren extrem hart. Es riegelte den Irak nahezu vollständig ab und unterband zunächst den Ölverkauf, die Haupteinnahmequelle des Landes. Nach der Befreiung Kuwaits durch die von den USA angeführte Intervention „Desert Storm" verschärfte der Weltsicherheitsrat seine Sanktionen weiter. Der „Mutter aller Resolutionen" genannte Beschluss Nummer 687 von 1991 verlangte die Rückgabe von geplündertem kuwaitischem Besitz, hohe Reparationszahlungen und internationale Kontrollen, um sicherzugehen, dass der Irak keine aktiven Massenvernichtungswaffen mehr besitzt (die Programme waren bereits in den 1990ern gestoppt worden). In der Folge wurde die Einfuhr aller wichtigen Güter in den Irak strengstens kontrolliert. Zusammengenommen waren die

Iraksanktionen die härtesten Strafen, die die Vereinten Nationen in ihrer Geschichte je verhängt haben.

Schnell gerieten die wirtschaftlichen und humanitären Folgen der Blockade in den Blick. Nach Schätzungen schmolz die Wirtschaft des Iraks um die Hälfte im Vergleich zur Zeit vor dem Golfkrieg, das Pro-Kopf-Einkommen stagnierte für mehr als 15 Jahre. Noch umstrittener waren die gravierenden humanitären Folgen. Studien und Zeitungsberichte sprachen von „Sanktionen der Massenvernichtung".[6] Das 1996 gestartete „Oil-for-Food-Programme" schaffte es nicht, die Krise im Land abzumildern. Vielmehr bereicherten sich irakische Regierungseliten am Treuhandkonto zum Kauf humanitärer Güter. In einer Studie für die UN, deren Ergebnisse 1995 in der angesehenen Fachzeitschrift The Lancet veröffentlicht wurden, berechneten Forscher, dass der Tod von 567.000 Kindern im Irak auf Sanktionen zurückzuführen sei.[7] Einer weiteren Untersuchung des UN-Kinderhilfswerks UNICEF aus dem Jahr 1999 zufolge hatte sich die Kindersterblichkeit zwischen 1989 und 1999 im Süden und im Zentrum des Landes mehr als verdoppelt.[8] Die schockierenden Zahlen sorgten für einen weltweiten Aufschrei und schafften es auf die Titelseite der New York Times und weiterer führender Zeitungen.

Jedoch sind die Zahlen der UN-Studien aus heutiger Sicht äußerst zweifelhaft. Sicher waren sie übertrieben. Zunächst können wir die Werte nicht mit einer Kontrollgruppe, also einem gleichen Fall ohne Sanktionen, vergleichen. Dadurch fällt es unglaublich schwer, den Effekt der Zwangsmittel von anderen Faktoren wie dem Golfkrieg und der Politik des Saddam-Regimes sauber zu trennen. Überdies spricht eine Überprüfung von „Manipulation" der UNICEF-Studie von 1999 und nennt die zugrunde liegenden Zahlen einen „besonders meisterhaften Betrug".[9] Den Bericht verfassten Wissenschaftlerinnen und Wissenschaftler für das Kinderhilfswerk der Vereinten Nationen zusammen mit einem Forschungsinstitut des irakischen Ministeriums für Landwirtschaft und Ernährung. Das Regime konnte die Studienergebnisse damit direkt manipulieren.

Der irakische Machthaber wandte damit eine zentrale autokratische Herrschaftsstrategie an, nämlich die Politisierung vordergründig objektiver Zahlen, um von eigener Misswirtschaft und eigenem Versagen abzulenken. Saddam Hussein gelang es in einem klassischen Fall von „Blame Shifting", die Sanktionsmächte zu den eigentlichen Schuldigen zu erklären. Er nutzte die Sanktionen sogar als Grund, um die Gewalt seiner Sicherheitsdienste hochzufahren. Auch wenn die umfassenden Sanktionen von 1990 bis zu ihrem Ende 2003 weniger gravierende Nebenwirkungen hatten und die Zahlen übertrieben waren, hatte das Embargo erhebliche humanitäre Folgen, vor allem für die Ärmsten im Irak. Nicht nur das: Bis zum Einmarsch der USA und der sogenannten Koalition der Willigen im März 2003 zementierte der Druck von außen die Macht Saddam Husseins sogar, die Strategie des maximalen Schmerzes schlug fehl.

Das schmerzliche Scheitern im Irak veränderte das Sanktionsinstrument nachhaltig. Westliche Regierungen und die Vereinten Nationen setzen seitdem auf „intelligente" Mittel, die nicht mehr ein ganzes Land von der Außenwelt isolieren, sondern gezielt die Schwächen des Gegenübers ausnutzen sollen. Außerdem schneiden die Sanktionsmächte humanitäre Ausnahmen in ihre Pakete – Lebensmittel und Medikamente, die für die Bevölkerung überlebenswichtig sind, bleiben ausgespart. Allerdings zeigen gezielte Sanktionen, die ausdrücklich darauf abzielen, Leid in der Bevölkerung zu begrenzen, offenbar ähnlich schmerzhafte Folgen wie harte Strafen. Sowohl

Forschende als auch Vertreter der Zivilgesellschaft kritisieren deshalb ebenfalls die negativen humanitären Folgen von zielgerichtetem Druck von außen und fordern ein Umsteuern.[10]

Syrien: Sanktionen behindern Katastrophenhilfe

Umfassende Sanktionen erschweren außerdem den Zugang zu Krisengebieten. Ein Land, das weitgehend aus dem Blick der internationalen Aufmerksamkeit geraten ist, zeigt dies deutlich. Am 6. Februar 2023 erschütterten zwei Beben der Stärke 7,7 und 7,6 das syrisch-türkische Grenzgebiet. Insgesamt kamen mehr als 50.000 Menschen um. Nicht nur zerstörte Straßen, unwegsames Gelände und eine misstrauische Regierung erschwerten den Zugang von Hilfskräften im Nordwesten Syriens wie der Stadt Idlib, sondern auch die westlichen Strafmaßnahmen.

Im Bürgerkriegsland unterdrücken Machthaber Baschar al-Assad und seine Schergen die Bevölkerung mit unnachgiebiger Härte. Nach Schätzungen wurden seit Beginn des Krieges 2011 im Land mehr als eine halbe Million Syrerinnen und Syrer getötet, 13 Millionen mussten ihre Heimat verlassen. Verschiedene Staaten und Regionalorganisationen haben Zwangsmittel gegen Syrien verhängt. Die Koalition wurde von den USA und der EU angeführt, andere „Gleichgesinnte" wie Kanada, Australien, Japan und die Schweiz sowie die Arabische Liga folgten. Jedoch nahm die Arabische Liga Syrien – das noch immer unter der Herrschaft von Diktator Assad steht – im Mai 2023 wieder in die Regionalorganisation auf.

Die Individualsanktionen richten sich gegen die Assad-Familie, die weitere Regimeelite, den Unterdrückungsapparat, Anführer regierungsnaher Milizen sowie gegen prominente

Geschäftsleute und Investoren, die das Damaskus-Regime stützen und von ihrer politischen Nähe profitieren. Zunehmend gerät auch der vom Regime gesteuerte Drogenhandel ins Visier der USA und der EU.[11] Die weiteren Beschränkungen sind umfassend: Sie verbieten die Einfuhr von syrischem Erdöl und betreffen die Stromversorgung, den Export von Computertechnik und die Banken im Land. Der Handel mit Gold, weiteren Edelmetallen und Diamanten ist verboten. Auf dem Index stehen zudem die Lieferung von Stromturbinen, Ersatzteilen und Technologie, die das Regime „zur Überwachung oder zum Abhören des Internets und von Telefongesprächen" nutzen kann.[12]

Ende 2019 verschärfte die US-Regierung die Strafen weiter, Präsident Donald Trump unterschrieb das sogenannte Cäsar-Gesetz zum Schutz der syrischen Zivilbevölkerung („Caesar Syria Civilian Protection Act"). Das Gesetz ist nach einem syrischen Militärfotografen mit dem Decknamen „Caesar" benannt, der 2013 Zehntausende Bilder von Gefangenen veröffentlicht hatte, die in Gefängnissen der syrischen Regierung zu Tode gefoltert worden waren. Der Caesar Act droht jeder Regierung, jeder Firma und jeder Person, die das Assad-Regime unterstützt oder zum Wiederaufbau Syriens beiträgt, empfindliche Strafen an. Der US-Präsident kann Unternehmen und Personen, die in Syriens Energie-, Luftfahrt- und Bausektor investieren oder dem syrischen Regime Geld leihen, sofort mit Zwangsmitteln belegen. Die Vereinigten Staaten wollen der Assad-Regierung damit wirtschaftlich die Luft abdrücken. Zwar folgten die Europäer diesem drastischen Schritt nicht, die neuen US-Sekundärsanktionen, die jeden Austausch mit dem syrischen Regime unter Strafe stellen, brachten die Wirtschaftsbeziehungen mit dem Westen jedoch vollständig zum Erliegen.

Wie bei anderen Sanktionsregimen versuchen die USA und ihre Partner, der Bevölkerung in Syrien nicht zu schaden. Sie gewähren humanitäre Ausnahmen für Krankenhäuser und Arztpraxen, Schulen, die Landwirtschaft, den Bau von Wohnhäusern und die Wasserversorgung. Am 12. Mai 2022 erließ das Office of Foreign Assets Control (OFAC) des US-Finanzministeriums eine allgemeine Erlaubnis (General License 22), um „die wirtschaftlichen Bedingungen in den nicht vom Regime gehaltenen Gebieten im Nordosten und Nordwesten Syriens zu verbessern und die laufenden Stabilisierungsbemühungen in der Region zu unterstützen".[13] Die allgemeine Erlaubnis treibt damit einen Keil zwischen die von der Regierung beherrschten Gebiete und die nordsyrischen Regionen außerhalb der Kontrolle des Regimes.

Theoretisch ermöglichen es alle Sanktionspakete, weiter Lebensmittel, Medikamente und medizinisches Gerät ins Land zu bringen. Sie erlauben auch die Arbeit von humanitären Organisationen im vom Krieg verwüsteten Syrien. In der Praxis bleiben die Regeln aber häufig unklar. Hilfsorganisationen beklagen sich über komplizierte Vorgaben und langwierige Genehmigungsverfahren beim Import von Hilfsgütern in das Land. Die Regeln sind so umfassend, dass Anbieter extra Sanktionstrainings für Hilfsorganisationen anbieten. Für Nichtregierungsorganisationen und Importeure ist es enorm schwer, Genehmigungen der amerikanischen Behörde zu bekommen, vor allem wenn es um Dual-Use-Produkte geht, die sowohl für zivile als auch militärische Zwecke genutzt werden könnten. So blieb es während der Corona-Pandemie fast unmöglich, spezielle Tiefkühlschränke nach Syrien zu schaffen, um die damals neuartigen mRNA-Corona-Impfstoffe auf -60 bis -90 Grad Celsius kühlen zu können. Nicht nur das: Aus Angst vor Strafen weigern sich bis heute viele westliche

Banken, Geld für Hilfsorganisationen in den Krisenstaat zu überweisen.

Seit dem verheerenden Erdbeben im Februar 2023 mangelt es in Nordwestsyrien an lebenswichtigen Dingen wie sauberem Trinkwasser, Unterkünften, provisorischen Heizungen und medizinischer Versorgung. Mullbinden, Infusionsmittel und Material für Operationen sind ebenfalls knapp.[14] Sicher trägt die Assad-Regierung für den Mangel die Hauptschuld. Aber die strengen Sanktionen haben die schnelle Erdbebenhilfe aus dem Ausland zusätzlich behindert. Zwar haben die EU und die USA ihre Restriktionen schnell gelockert, häufig allerdings nur zeitlich begrenzt. Hilfsorganisationen wie Ärzte ohne Grenzen brauchten für zunächst sechs Monate keine Sondergenehmigung der EU-Mitgliedsstaaten mehr, „um sanktionierte Einrichtungen im Land mit Gütern und Dienstleistungen zu versorgen".[15] Die Vereinigten Staaten setzten einige ihrer Beschränkungen für drei Monate aus. Hilfsorganisationen leiden dennoch weiter unter dem dichten Geflecht von Regeln und Ausnahmen.

Bereits seit Jahren kämpfen Aktivisten deshalb für allgemeine und vor allem eindeutige Regeln zum Schutz der Bevölkerung in den Zielstaaten. Einen Meilenstein erreichten sie, als der Weltsicherheitsrat im Dezember 2022 mit seiner Resolution 2664 beschloss, dass es künftig feste humanitäre Ausnahmeregeln in allen UN-Sanktionspaketen geben wird. Nahrungsmittel, Medizin und humanitäre Hilfe sollen künftig ungehindert in sanktionierte Krisengebiete gelangen. Der Sicherheitsrat schaffe damit die „dringend benötigte Klarheit" für all jene, die humanitäre Hilfe leisten, erklärte das amerikanische Außenministerium.[16] Es war sicher kein Zufall, dass die USA (gemeinsam mit Irland) die Resolution in den Sicherheitsrat einbrachten. Schließlich dienen die humanitären

Ausnahmen auch dazu, die Kritik an den Zwangsmitteln der Sanktions-Großmacht abzumildern.

Internationale Strafmaßnahmen haben also gravierende Nebenwirkungen. Sie verstärken oft das Leiden und die Armut der Menschen in den Zielstaaten. Regelmäßig treffen sie vor allem diejenigen, die in Diktaturen keinen Kurswechsel erzwingen können, sondern selbst um ihr Überleben kämpfen. Um fair zu bleiben: Dies haben die Verantwortlichen in New York, Brüssel und auch Washington erkannt. Das Russlandsanktionsregime der EU nimmt beispielsweise den Import und den Weitertransport von Düngemitteln, die für die Landwirtschaft in Afrika, dem Nahen Osten, Europa und Asien wichtig sind, explizit von ihren Verboten aus. So gab Finnlands Außenministerium im März 2023 ein Schiff, das russischen Dünger geladen hatte und im finnischen Hafen von Kotka lag, zur Weiterfahrt frei.[17]

Der Wagenburg-Effekt: Der Einsatz von Sanktionen zum Vorteil der Autoritären

Für jede Wissenschaftlerin und jeden Wissenschaftler ist es ein Ritterschlag, wenn die Kollegen ihre Erkenntnisse nach mehr als 50 Jahren noch immer intensiv diskutieren. Genau das ist Johan Galtung gelungen (der übrigens bis heute aktiv ist). Im Jahr 1967 wies der weltbekannte Friedensforscher in einer bis heute klassischen Studie am Beispiel Rhodesiens, dem heutigen Simbabwe, nach, dass Druck von außen zurückschlagen und eine sanktionierte Regierung nicht schwächen, sondern sogar stärken kann.[18]

Am 11. November 1965 erklärte der frühere Kampfpilot Ian Smith an der Spitze einer weißen Minderheitsregierung einseitig die einstige britische Kolonie Rhodesien für unabhängig. Die schwarze Bevölkerungsmehrheit, die 96 Prozent aller Bewohnerinnen und Bewohner stellte, sollte arbeiten, aber keine politischen Rechte haben. Die internationale Isolation und moralische Ablehnung des Regimes folgten umgehend. Kein Staat – nicht einmal die Apartheidregierung im benachbarten Südafrika – erkannte das Smith-Regime als legitime Regierung an. James Harold Wilsons Regierung in Großbritannien verhängte umgehend ein Ölembargo, dem der Sicherheitsrat der Vereinten Nationen folgte. Rhodesien war damit der erste Staat, der von der Weltgemeinschaft mit Strafmaßnahmen belegt und als Aussätziger behandelt wurde.

Nach Ansicht von Johan Galtung ermutigten die umfassenden Sanktionen aber keineswegs die Gegner Ian Smiths, sondern führten im Gegenteil dazu, dass die weißen Machthaber enger gegen den äußeren Feind zusammenstanden. Mit anderen Worten: Der Druck schweißte die Gruppe zusammen und übertünchte unterschiedliche Positionen in der Elite. Johan Galtung brandmarkte nur zwei Jahre nach der einseitig ausgerufenen Unabhängigkeit Rhodesiens die Idee, dass immer heftigerer Druck Smith und seine Leute „automatisch" zum Einlenken zwingen werde, als „naive Theorie". Das Gegenteil war der Fall: Wirtschaftskrise und internationale Isolation stärkten den Widerstand des Regimes.

Diese Erkenntnis ist bis heute höchstaktuell: Zunächst ist es nicht ungewöhnlich, dass die Regierungselite und die Bevölkerung enger zusammenstehen, wenn sie durch außenpolitische Krisen und Bedrohungen in Gefahr geraten. Zudem verstehen es autoritäre Regime wie Russland, Iran, Venezuela, Kuba und Nordkorea, Sanktionen zu ihrem Vorteil zu nutzen und in ihren Herrschaftsdiskurs einzubauen.

Seit der Islamischen Revolution von 1979 steht das iranische Mullah-Regime unter harten US-Strafmaßnahmen. Seit seiner Machtübernahme vor über 40 Jahren ist das Regime Sanktionen gewöhnt. Mehr noch, sie wirken als zentrale Legitimationsressource. Für die Regierung sind die USA der „große Satan" und die Sanktionen verantwortlich für hohe Preise, leere Supermarktregale, die umständlichen Importe von Computern und Elektronik sowie die Abkopplung iranischer Banken vom Ausland. Von 2012 bis 2016, nach dem Abschluss des Atomabkommens, sperrte das Kommunikationssystem für Banken SWIFT iranische Geldinstitute zum ersten Mal vom internationalen Zahlungsverkehr aus. Schon 2018 unterbrach der damalige US-Präsident Donald Trump die Verbindungen erneut. Keine Überweisungen gehen auf offiziellen Wegen nach Iran und kommen aus dem Land heraus.[19]

Die Sanktionen sind allerdings beileibe nicht das einzige Problem des Landes. Vom Regime kommt jedoch kein offizielles Wort zu eigener Misswirtschaft und Korruption. Vielmehr dienen die Strafen als attraktive Ausrede für das eigene Versagen. Sanktionen können damit nach hinten losgehen und ein autoritäres Regime stärken, wenn es der Regierung gelingt, die Maßnahmen als imperialistischen Angriff auf das gesamte Volk umzudeuten und eine geschlossene Wagenburg gegen den Feind von außen zu bilden.[20] Die Forschung bezeichnet dies als „Rally-Round-the-Flag Effect", wörtlich übersetzt meint der Begriff, dass sich die Bevölkerung um die eigene Flagge schart.

In Russland stellen der Kreml und das Staatsfernsehen die westlichen Sanktionen seit Jahren als Beleg für die feindliche Haltung der USA (und ihrer Verbündeten wie Deutschland) dar. Der Kremldiskurs lautet: „Der Westen will Russland erniedrigen und in die Knie zwingen." Die Propagandasendungen des Staatsfernsehens verschießen diese Nachricht im Dauerfeuer. Leider können wir nur schwer feststellen, inwieweit dieses Narrativ bei den Russinnen und Russen tatsächlich verfängt. Schon in seinem dystopischen Roman „1984" sprach George Orwell von doppeltem Denken („Doublethink"), einer besonderen Form der Indoktrinierung, bei der das Regime von seinen Bürgerinnen und Bürgern verlangt, zwei sich widersprechenden „Wahrheiten" zu glauben – der offiziellen und der eigenen. Ein geflügeltes Wort in Russland lautet deshalb auch: „Je weniger im Kühlschrank, desto mehr Propaganda im Fernsehen."[21]

Die Ideologie eines Regimes beeinflusst grundlegend, wie anfällig es für Druck von außen ist. Ideologien sind Glaubenssysteme, die eine gemeinsame Identität schaffen oder ein bestimmtes gesellschaftliches Modell legitimieren sollen.[22] Zwar läutete das Ende des Kalten Krieges – von „sozialistischen" Ausnahmen wie China, Vietnam und Kuba abgesehen – nach Einschätzung vieler Forschender das Ende großer Gesellschaftsentwürfe wie dem Kommunismus ein. Aber auch „dünne" Ideologien wie der Nationalismus, als der Glaube an die Überlegenheit der eigenen Nation, religiöse Glaubenssätze oder der Populismus dienen heute als wichtige Machtressourcen. Regierungen berufen sich dazu zum Beispiel auf die „Gottgegebenheit" des Regimes oder auf traditionelle Werte. In ähnlicher Weise versuchen zahlreiche Autokraten, alte Größe wiederzuerlangen oder die Religion, zum Beispiel den Islam, zum bestimmenden Merkmal der Gesellschaft zu machen.[23] All diese Glaubenssätze spalten die Gesellschaft in In-Groups, also jene die dazu gehören, und Out-Groups, die außerhalb stehen. Bekämpft werden Oppositionelle, Organisationen der Zivilgesellschaft, Medien und Blogger, die die Ideologie nicht unterstützen oder die nicht zur vorgestellten Nation gehören.

Regime mit einer starken Herrschaftsideologie haben es besonders leicht, den Druck von außen als Angriff auf die gesamte Nation darzustellen und so einzufordern, dass die Bevölkerung sie unterstützt.[24] Ein besonders festes ideologisches Fundament gießen Revolutionen oder Befreiungskriege[25], China, Kuba, Iran, Venezuela und Simbabwe sind dafür prominente Beispiele. Wir dürfen auch nicht übersehen, dass für frühere Befreiungsbewegungen in ehemaligen Kolonien, zum Beispiel in Afrika, der erfolgreiche Widerstand gegen den Imperialismus bis heute einen wichtigen Teil ihrer Identität ausmacht.

Regime, die eine dünne ideologische Basis haben und ihre wirtschaftlichen Erfolge und den durch sie geschaffenen Wohlstand in den Vordergrund stellen, sind dagegen anfälliger für Zwang von außen.[26] Ihr ideologisches Fundament ist wackeliger. So betonte Russlands Präsident Putin in seinen ersten beiden Amtszeiten von 2000 bis 2008 insbesondere seine – vor allem durch hohe Ölpreise getriebene – wirtschaftlichen Erfolge und die politische „Stabilisierung" nach den Chaosjahren unter seinem Amtsvorgänger Boris Jelzin.[27]

Sanktionen wecken somit keineswegs automatisch einen Wagenburg-Effekt. Sie sind nicht naturgegeben, sondern immer Ergebnis politischer Prozesse in den Zielstaaten. Ausgerechnet das Beispiel Rhodesien fällt zwiespältiger aus, als von Galtung zunächst angenommen. Ian Smith hielt sich und sein rassistisches Minderheitenregime 15 Jahre an der Macht, bevor er nach einem blutigen Bürgerkrieg abdanken musste.[28] (Einer der Anführer der Befreiungsbewegung ZANU war der später ebenfalls sanktionierte Staatspräsident des 1980 in Simbabwe umbenannten Staates, Robert Mugabe.) Der Sanktionsdruck von außen führte offensichtlich dazu, dass die weißen Machthaber und Tabakfarmer eine Belagerungsmentalität entwickelten und enger zusammenstanden, zumindest zu Beginn. Allerdings solidarisierte sich die schwarze Bevölkerungsmehrheit nicht mit der Regierung. Im Gegenteil: Ihr war bewusst, dass sich die Beschränkungen gegen die Regierung und nicht die Mehrheit des Volkes richtete, und sie verstand die Isolation des Regimes durch die Vereinten Nationen als Ermutigung für ihren Widerstand. Zudem gibt es Hinweise darauf, dass die Einheit unter den Farmern und anderen Angehörigen der weißen Bevölkerungsminderheit bröckelte.[29]

Die Bedingungen in Diktaturen machen es extrem schwer, wenn nicht unmöglich, die wirklichen Einstellungen der Bürgerinnen und Bürger zu erfassen und herauszubekommen, ob sie den Kurs der Regierung unterstützen. Befragte haben häufig große Angst, ihre tatsächlichen Haltungen preiszugeben. Offene Kritik kann direkt ins Gefängnis führen, in Regimen wie Nordkorea bedeutet sie Lebensgefahr. In der Forschung ist die öffentliche Zurückhaltung als „Verfälschung der Präferenzen" („Preference Falsification") bekannt. Laut Studien sind nur 10 bis 30 Prozent der russischen Bürgerinnen und Bürger bereit, an Meinungsumfragen im Land teilzunehmen, während weniger als ein Drittel angibt, Fragen zur Politik ehrlich zu beantworten.[30] Extrem hohe Umfragewerte für Präsident Putin in Russland, die zum Beispiel das unabhängige Lewada-Institut erfasst, geben deswegen sicher eine Tendenz wieder, wir sollten sie aber mit äußerster Vorsicht interpretieren.

Analysen zeigen, wie komplex die Meinungsbildung von Menschen in sanktionierten Staaten ist. In Ländern, in denen die Sicherheitsdienste nicht wie in Nordkorea jeden Fetzen Information kontrollieren und jede Äußerung gnadenlos verfolgen, ergibt sich ein differenziertes Bild: Die syrische Bevölkerung macht auch westliche Sanktionen für die Wirtschaftskrise, den stockenden Wiederaufbau und die grassierende Armut in ihrem Land verantwortlich. Allerdings übersetzt sich die Kritik nicht automatisch in eine höhere Zustimmung für die Assad-Regierung. Offensichtlich schreiben viele Bürgerinnen und Bürger gleichzeitig dem Machthaber und den umfassenden Sanktionen die Verantwortung für die Krise zu.

Neuere experimentelle Studien zeigen außerdem, dass Rally-Effekte selten allein durch Druck von außen verursacht werden. Nach der Annexion der Krim im Jahr 2014 explodierten die Zustimmungswerte für Russlands Präsident Putin geradezu. Die schwindelerregenden Werte waren allerdings weniger eine Folge der anschließenden Konfrontation mit dem Westen, sondern der Annexion selbst, die breite Zustimmung bei den Russinnen und Russen fand.[31] Umfrageexperimente in Zielstaaten wie Venezuela deuten außerdem darauf hin, dass die Form des externen Drucks darüber entscheidet, wie die Bevölkerung zu Strafmaßnahmen aus dem Ausland steht.[32] Sie empfindet externen Druck als angemessener, wenn sie den Eindruck hat, dass er sich gegen die Regierungseliten richtet und verhängt wurde, um die Menschenrechte in ihrer Heimat zu verbessern.

Es überrascht deswegen nicht, dass sanktionierte Regierungen einen erbitterten Kampf um die Deutung der Beschränkungen führen. Sie versuchen, jede offene Diskussion über Ziele und den wahren Umfang des äußeren Drucks und ein Abweichen von der Regierungslinie zu verhindern. Oft schaffen es autoritäre Machthaber damit, selbst ausschließlich gegen sie gerichtete Individualsanktionen als Angriff auf das gesamte Land zu brandmarken. Wir sehen, dass Sanktionen eben nicht nur wirtschaftliche Härten bringen, sondern auch ein bedeutendes Kommunikationsmittel sind. Den Wagenburg-Effekt sollten wir allerdings nicht überschätzen: Zwangsmittel von außen machen Diktatoren nicht automatisch im Inneren beliebter. Nicht jede oder jeder, der Sanktionen kritisiert, verfällt auch dem Machthaber. Im Gegenteil, die Bürgerinnen und Bürger in einigermaßen offenen Zielstaaten können offensichtlich zwischen beidem trennen. Gerade deswegen muss der diskursive Aspekt der wirtschaftlichen Zwangsmittel immer mitgedacht werden.

7 Nicht alle Diktatoren sind gleich: Die verzerrte Anwendung von Sanktionen

Am 2. Oktober 2018 um 13:14 Uhr betritt der bekannte Regierungskritiker Jamal Khashoggi das saudische Generalkonsulat in Istanbul. Für seine geplante Hochzeit benötigt er eine offizielle Bescheinigung, dass er unverheiratet ist. Khashoggis Verlobte Hatice Cengiz bleibt im Auto vor dem Konsulat. Sie wartet stundenlang vergeblich, Jamal Khashoggi wird das Gebäude nicht lebend verlassen. Einige Monate später stellt ein Bericht der Vereinten Nationen fest, dass ein offenbar extra mit Privatjets eingeflogenes Killerkommando Khashoggi im Konsulat ermordet und seine Leiche mit einer Knochensäge zerstückelt hat. Agnès Callamard, die UNO-Sonderberichterstatterin für außergerichtliche, standrechtliche oder willkürliche Hinrichtungen, macht Kronprinz Mohammed bin Salman, und damit die Regierung Saudi-Arabiens, direkt für die Ermordung des Regimekritikers verantwortlich.[1] Der bestialische Mord in offensichtlich staatlichem Auftrag sorgt weltweit für große Empörung.

Jedoch zögerte US-Präsident Donald Trump, Saudi-Arabiens Machthaber für diese Tat zu sanktionieren. Im Gegenteil, die amerikanische Regierung unterstützte den saudischen Partner öffentlich. Erst als demokratische und republikanische Senatoren immer lautstärker Konsequenzen forderten, entschloss sich die Trump-Administration schließlich, 17 saudische Offizielle und verdächtigte Mitglieder des Killerkommandos für den Mord an Jamal Khashoggi auf ihre Sanktionsliste zu setzen. Der Kronprinz und seine Regierung blieben außen vor, es gab keine weiteren Reaktionen auf die grausame Tat. Die US-Regierung und andere westliche Regierungen reagierten damit äußerst zurückhaltend auf den Mord. Das ist auch deshalb bemerkenswert, weil Saudi-Arabien nach Angaben von Amnesty International weltweit eines der Länder mit der höchsten Anzahl von Todesurteilen ist.[2] Die Regionalmacht ist jedoch gleichzeitig einer der weltweit wichtigsten Ölproduzenten und geostrategischen Partner des Westens in der Golfregion. Andere Verbündete der USA wie Ägypten unter den Präsidenten Hosni Mubarak und Abdel Fattah El-Sisi mit einer ähnlich schlimmen Menschenrechtsbilanz bleiben ebenfalls weitgehend von westlichen Zwangsmitteln verschont.

In anderen Fällen zeigen sich westliche Regierungen weniger nachsichtig. Die Fälle von Kuba und Simbabwe habe ich bereits vorgestellt. Die USA setzen auch die sozialistisch-orientierte Regierung des lateinamerikanischen Staates Venezuela schon lange mit Zwangsmitteln wegen staatlicher Gewalt und Wahlfälschungen unter Druck. 2014 erließ Präsident Obama neue Strafen, um den demokratischen Rückfall unter Präsident Nicolás Maduro zu bestrafen. Auslöser war ein zunächst begrenzter Protest am 4. Februar 2014 in San Cristóbal, der Hauptstadt des Bundesstaats Táchira, gegen die hohe Kriminalität vor Ort. Die venezolanische Polizei ging äußerst brutal gegen die Demonstrierenden vor. Das Niederknüppeln löste landesweite Protestwellen aus, die rasch die Hauptstadt Caracas erreichten.[3] Die Demonstrationen trafen einen Nerv, da sich Venezuelas Wirtschaft wegen niedriger Ölpreise und hoher Inflation bereits in einem tiefen Abwärtsstrudel befand. Die Demonstrierenden verlangten ein Ende von Kriminalität, Korruption und staatlicher Misswirtschaft und forderten immer lauter den Rücktritt von Präsident Maduro. Mitte Februar 2014 eskalierten die Auseinandersetzungen, als die Polizei auf die Protestierenden schoss und zwei Menschen tötete.[4]

Die Vereinigten Staaten verurteilten die Polizeigewalt und handelten umgehend. Präsident Obama erließ die Verordnung („Executive Order") Nummer 13.692. Darin erklärte er: „die willkürliche Verhaftung und Inhaftierung von regierungsfeindlichen Demonstranten ... stellt eine außergewöhnliche Bedrohung für die nationale Sicherheit und die Außenpolitik der Vereinigten Staaten dar."[5] Das folgende „Gesetz zur Verteidigung der Menschenrechte und der Zivilgesellschaft in Venezuela" zielte auf Regierungsbeamte, die für die staatliche Gewalt verantwortlich gemacht wurden, verbot ihre Einreise und fror ihr Vermögen in den USA ein. 2017 setzte die Großmacht auch Präsident Maduro selbst auf ihre Sanktionsliste. Mittlerweile haben westliche Staaten mit den USA an der Spitze Venezuela mit harten Zwangsmaßnahmen belegt.

Das Beispiel bestätigt einen zentralen Vorwurf, den Kritikerinnen und Kritiker immer wieder gegen die Strafen des Westens erheben, nämlich, dass die Regierungen bei der Auswahl von Sanktionszielen äußerst selektiv oder sogar strategisch vorgehen. Washington, London, Brüssel und Berlin ließen sich bei der Entscheidung, ob sie ein bestimmtes Verhalten bestrafen, weniger von hehren Grundsätzen, sondern vor allem von eigenen Kosten und Interessen leiten.

Sind Sanktionen also nichts weiter als Schönwetter-Maßnahmen, die bitte schön nichts kosten dürfen? Zunächst bestätigt die empirische Sanktionsforschung eindeutig, dass eigene Kosten bei der Entscheidung, ob Ziele mit Zwangsmitteln belegt werden, immer eine Rolle spielen.[6] Dies ist aber nicht der einzige Faktor. Gemeinsam mit meinem Kollegen Michael Wahman habe ich statistische Daten analysiert, um herauszufinden, wann westliche Staaten Zwangsmittel einsetzen, um den Schutz der Menschenrechte und demokratische Reformen im Ausland zu erzwingen.[7] Unsere Analyse zeigt, dass nicht alle Diktaturen gleich sind und bestimmte Länder eher in den Blick geraten als andere.

Entscheidend ist zunächst, was in einem Staat passiert. Die Art und Weise, wie Polizei, Sicherheitsdienste, Wahlkommissionen und die Armee demokratische Normen und Menschenrechte verletzen, spielt eine wichtige Rolle: Dramatische Ereignisse führen mit hoher Wahrscheinlichkeit zu Strafen des Westens. Das deutlichste Zeichen der Verletzung demokratischer Standards ist ein Militärputsch. Wenn die Armee eine demokratisch gewählte Regierung gewaltsam von der Macht verdrängt, steigt die Wahrscheinlichkeit von westlichen Sanktionen um 50 Prozent. Selbst über Staatsstreiche in entlegenen Ländern berichten westliche Fernsehsender und Zeitungen in der Regel prominent, von Nachrichten, Fotos und Augenzeugenberichten in sozialen Medien ganz zu schweigen. Dies erhöht den öffentlichen Druck in westlichen Hauptstädten, etwas zu tun.[8] Bei ihren Sanktionsentscheidungen haben westliche Regierungen immer die eigene Innenpolitik mit im Blick, sie „spielen" auch für das heimische „Publikum".[9] Um nur einige Beispiele zu nennen: Auf die Militärputsche in der Elfenbeinküste, in Haiti, auf den Fidschi-Inseln und in Thailand antworteten die EU und die USA ausnahmslos mit Sanktionen. Andere Fälle wie der Wahlbetrug in Belarus oder Simbabwe erhöhen ebenfalls die Wahrscheinlichkeit von Strafen, wenn auch in geringerem Maße als ein Militärputsch.[10]

Vor allem aber zeigt unsere statistische Analyse, dass es nicht ausreicht, allein auf Machtmissbrauch und Missstände zu schauen, um Demokratiesanktionen zu erklären. Zwei zusätzliche Faktoren beeinflussen die Entscheidungen in Washington, Paris, Berlin und anderen westlichen Hauptstädten. Erstens nehmen Politikerinnen und Politiker eher ärmere und daher anfälligere Länder in den Blick – vor allem solche, die in einer schweren Wirtschaftskrise stecken. Bei ihrer Entscheidung, Strafen zu verhängen, reagieren westliche

Regierungen auch auf das, was politisch in den Zielländern passiert. Wenn autoritäre Regime bereits durch Demonstrationen oder Unruhen unter Druck sind, können Sanktionen eher die Machtbalance zugunsten von Reformern verschieben, die Erfolgsaussichten sind höher.

In Indonesien ging das Regime von Diktator Suharto von 1968 bis 1998 immer wieder brutal gegen Oppositionelle vor und erschwerte die Arbeit von unabhängigen Zeitungen und Radiostationen, aber erst die tiefe politische Krise des Landes in den späten 1990er-Jahren machte den Zeitpunkt für westliche Sanktionen besonders günstig. In der Folge der asiatischen Finanzkrise und massiver Proteste verhängte die EU Ende der 1990er-Jahre Demokratiesanktionen gegen das damalige Suharto-Regime. In ähnlicher Weise beschlossen die Vereinigten Staaten kurz vor dem Sturz Suhartos, ihre bereits bestehenden Zwangsmittel weiter zu verschärfen. Wie ich gezeigt habe, erhöhten die westlichen Staaten in Südafrika ihren Sanktionsdruck in ähnlicher Weise, nachdem das Land durch die Anti-Apartheidproteste seit Mitte der 1980er-Jahre weitgehend unregierbar geworden war.

Zudem achten westliche Mächte auf die politischen und wirtschaftlichen Kosten, die für sie durch Sanktionen entstehen. Einfach ausgedrückt: Autoritäre Regime, die mit dem Westen eng durch Handel und Investitionen verbunden und in gleichen Bündnissen aktiv sind, werden seltener für ihr Fehlverhalten bestraft. Das Ausbleiben von scharfen Sanktionen gegen Länder wie Saudi-Arabien, Ägypten oder Katar zeigt ein allgemeines Muster: Verbündete bleiben oft von Druck verschont, und westliche Regierungen halten sich mit der Durchsetzung demokratischer Normen eher zurück, wenn ihre geostrategischen Interessen überwiegen. Höhere Auslandsinvestitionen und eine prowestliche Außenpolitik schützen oft gegen Demokratiesanktionen. Ärmere Staaten geraten deswegen schneller ins Visier. Als die Mugabe-Regierung in Simbabwe im Jahr 2002 höchst umstrittene und massiv gefälschte Wahlen ansetzte, bestraften dies Washington und Brüssel umgehend mit Kontensperrungen, Reiseverboten und dem Ende von Entwicklungshilfe, während Hosni Mubaraks Wahlbetrug und Gewalt gegen Oppositionelle in Ägypten in den 1990er- und 2000er-Jahren keine ähnlichen Reaktionen auslösten.

Häufig hat Druck von außen demokratische Reformen unterstützt. So war die Konditionalität für den EU-Beitritt in Mittel- und Osteuropa für die demokratische Entwicklung in Staaten des ehemaligen Ostblocks von enormer Bedeutung. In ähnlicher Weise trugen die Unterstützung für Reformer, aber auch die Entwicklungshilfesanktionen gegen afrikanische Einparteienstaaten zur großen Demokratisierungswelle in Afrika in den frühen 1990er-Jahren bei. Dennoch werfen Studien ernsthafte Zweifel auf, ob der Westen seiner Rolle als konsequenter Demokratieförderer weltweit tatsächlich gerecht geworden ist. Ein typisches Sanktionsziel ist klein, anfällig für Druck von außen und aus Sicht der Sanktionsmächte geostrategisch eher unbedeutend. Bei befreundeten oder wirtschaftlich, politisch und militärisch wichtigen Staaten ist die Sanktionsschwelle deutlich höher, sie werden ungern in den Blick genommen.

Selbst bei stärker standardisierten Verfahren spielen strategische Interessen eine Rolle, zum Beispiel beim Kampf gegen den internationalen Menschenhandel. Seit 2003 stuft das US-Außenministerium jedes Jahr nach objektiven Kriterien alle Staaten daraufhin ein, ob sie an Menschenhandel beteiligt sind oder diesen zumindest nicht effektiv unterbinden. Meine Kolleginnen Hana Attia und Julia Grauvogel konnten in einer empirischen Studie jedoch zeigen, dass bei der Einstufung der Staaten die politischen und wirtschaftlichen Kosten der USA eine gewichtige Rolle spielen. Außerdem kann sich der US-Präsident oder die Präsidentin über die Einstufungen hinwegsetzen, Ausnahmen verfügen und die Zusammenarbeit mit schlecht bewerteten Staaten aufrechterhalten. Und tatsächlich zeigt sich hier das gleiche Muster – die Regierung reagiert auf gravierende Menschenrechtsverletzungen, versucht aber gleichzeitig, ihre eigenen Kosten niedrig zu halten.[11] Mit anderen Worten: Selbst in diesem standardisierten Verfahren müssen Handelspartner und politisch befreundete Staaten wie Malaysia weniger fürchten, wegen Menschenhandel mit Strafen belegt zu werden.

Ein Durchbruch: „Automatische" Magnitski-Sanktionen

Sergej Magnitski arbeitete als Steueranwalt und Wirtschaftsprüfer für eine große Kanzlei in Moskau. 2008 deckte er einen gigantischen Steuerbetrug auf, 230 Millionen Dollar waren vom russischen Staat unterschlagen worden. Die mutmaßlichen Täter waren korrupte Beamte des Innenministeriums. Als Magnitski mit seinen Vorwürfen an die Öffentlichkeit ging, wurde er verhaftet und grausam misshandelt. Der 37-Jährige starb im November 2009 nach 11 Monaten Untersuchungshaft im Moskauer Butyrka-Gefängnis qualvoll an den Folgen der Folter, ohne dass er medizinisch versorgt worden wäre.[12] Seitdem setzt sich Sergej Magnitskis damaliger Auftraggeber, der britisch-amerikanische Geschäftsmann Bill Browder, international für Gerechtigkeit ein. Er warb in Washington und anderen westlichen Hauptstädten dafür, die Verantwortlichen zumindest im Ausland zur Rechenschaft zu ziehen. Sie dürften nicht ungeschoren davonkommen. Der Gedanke: Hohe Beamte und verantwortliche Kremleliten sollten nicht mehr auf ihre Konten, Penthouse-Wohnungen und Villen im Westen zugreifen können, nicht mehr nach Kalifornien, Nizza, London oder wohin auch immer reisen können.

Browder hatte mit seiner Kampagne Erfolg, der US-Kongress unterstützte sein Anliegen mit überwältigender Mehrheit. Im Jahr 2012 unterschrieb Präsident Barack Obama ein inoffiziell „Magnitsky Act" genanntes Gesetz. Seitdem verfügen die USA über eine spezielle Regelung, die die Regierung verpflichtet, das Vermögen von mutmaßlichen Menschenrechtsverletzern aus Russland einzufrieren und ihnen die Einreise ins Land zu verweigern. Jeder wirtschaftliche Austausch, jede Geschäftsbeziehung mit den sanktionierten Beamten und Verantwortlichen steht unter Strafe. 2016 weiteten die USA die Regelungen zu einem globalen Magnitski-Gesetz aus, die Regierung kann nun Menschenrechtsverletzer überall auf der Welt einfach und schnell auf ihre Sanktionsliste setzen.

Erst vor Kurzem, im Dezember 2020, zogen die Europäer mit ihrem eigenen „horizontalen" Menschenrechtssanktionssystem nach, das die Rechtsgrundlage für das Listen einzelner Personen und Organisationen schafft. Im Mai 2023 befanden sich 35 Personen und 15 Organisationen wegen Menschenrechtsverletzungen auf dieser EU-Sanktionsliste. Die EU spricht von „Völkermord, Verbrechen gegen die Menschlichkeit und anderen schweren Menschenrechtsverletzungen (z. B. Folter, Sklaverei, außergerichtliche Hinrichtungen, willkürliche Festnahmen oder Inhaftierungen)", die zu Sanktionen führen können.[13] In Zukunft könnten – wie in den USA – schwere Fälle von Korruption ebenfalls dafür sorgen, dass die Europäer einzelne Verantwortliche oder ganze Organisationen mit Strafen belegen.[14]

Der grundlegende Unterschied zu traditionellen Zwangsmitteln besteht darin, dass sich horizontale Sanktionen (auch Magnitski-Sanktionen) auf eine bestimmte Verfehlung und nicht auf ein Land beziehen. Sanktionsmächte wie der europäische Staatenbund können Einzelpersonen und Organisationen unabhängig von ihrer Nationalität und ihrem Standort einfach sanktionieren. Die globalen Magnitski-Sanktionen der Vereinigten Staaten – und in ihrem Gefolge die neue Generation von ähnlichen Sanktionsregelungen in der Europäischen Union, Australien, Kanada und zahlreichen anderen Rechtsordnungen – brachten somit einen entscheidenden Durchbruch: Korrupte Offizielle, Folterer und all jene, die sich schlimmer Verbrechen gegen die Menschlichkeit schuldig gemacht haben, sollen bestraft werden – zumindest im Ausland. Durch die Magnitski-Gesetze ist in den vergangenen Jahren die Zahl der gelisteten Personen und Organisationen in die Höhe geschossen. Außerdem muss die US-Regierung jede Unterstützung und Entwicklungshilfe im Falle eines Staatsstreichs oder bei Hinweisen auf ein geheimes Atomwaffenprogramm automatisch einstellen.[15]

Bemerkenswerterweise haben sich die amerikanische und weitere westliche Regierungen mit den neuen Gesetzen bei der Auswahl von Sanktionszielen weitgehend die Hände gebunden – vor allem bei gravierenden Menschenrechtsverletzungen wie Folter, willkürlichen Verhaftungen oder Morden durch Polizei oder Geheimdienste. In diesen Fällen soll die Sanktionsfalle schnell zuschnappen. In einem fast automatisierten oder auch: standardisierten Verfahren haben – so die Theorie – politische Kosten-Nutzen-Rechnungen der Sanktionsmächte keinen Platz. Wer sich schuldig macht, soll Strafen direkt spüren. Wie so oft waren die USA dabei Taktgeber der internationalen Sanktionspolitik.

8 Auf eigene Rechnung: Die (unterschiedlichen) Interessen der USA und Europas

Die Drohung ist eindeutig. Im August 2020 erreicht Frank Kracht, Bürgermeister des Ortes Sassnitz auf der Ostseeinsel Rügen, ein ungewöhnlicher Brief aus den USA. Drei US-Senatoren, darunter der bekannte republikanische Volksvertreter Ted Cruz aus Texas, drohen dem Fährhafen Sassnitz und seinen Verantwortlichen „vernichtende rechtliche und wirtschaftliche Sanktionen“ an, sollten sie weiter dabei helfen, die umstrittene Gaspipeline Nord Stream 2 in der Ostsee fertigzustellen.[1] Der Hafen Sassnitz dient als zentraler Knoten am westlichen Ende der Gasröhre aus Russland, zu der Zeit fehlen lediglich 160 Kilometer bis nach Deutschland. Hier lagern aufeinandergestapelt die fehlenden Rohre, außerdem haben zwei Verlegeschiffe festgemacht.[2]

Schon lange ist die Multi-Milliarden-Pipeline den USA sowie Deutschlands Nachbarn in Mittel- und Osteuropa ein Dorn im Auge. Sie warnen, dass sich Deutschland noch abhängiger von russischem Gas macht, und wollen das Röhrenprojekt kurz vor dem Ziel zu Fall bringen. Die unverhohlene Drohung mit Sanktionen gegen Amtsträger aus Deutschland, eines engen Partners der USA, bedeutet jedoch eine völlig neue Eskalation. „Den Vorstandsmitgliedern, Geschäftsführern und Aktionären der Fährhafen Sassnitz GmbH wird die Einreise in die Vereinigten Staaten untersagt, und jegliches Eigentum oder Anteile an Eigentum, das sich in unserem Zuständigkeitsbereich befindet, wird eingefroren“, kündigen die drei US-Senatoren an. Die Bundesregierung reagiert empört auf den Drohbrief, das Auswärtige Amt spricht von einem „schwerwiegenden Eingriff in unsere nationale Souveränität“.[3]

Der Streit zeigt, dass die Vereinigten Staaten und Europa, die weltweit wichtigsten Sanktionsmächte, keineswegs immer mit einer Stimme sprechen, sondern stets auch ihre eigenen Interessen verfolgen. Diese müssen nicht deckungsgleich sein. Trotz ihres engen Austauschs bei Sanktionierungen[4] unterscheiden sich die Entscheidungswege, rechtlichen Grundlagen, bürokratischen Apparate aber auch der Wille, wirtschaftlichen Zwang einzusetzen, zwischen den USA und Europa fundamental. Notfalls belegen sich auch die transatlantischen Partner mit Sanktionen, um ihren Willen durchzusetzen.

USA: Sanktionen sitzen locker

Die USA sind weltweit der mit Abstand aktivste Nutzer von Sanktionen. Die Supermacht verhängt regelmäßig autonome Strafmaßnahmen, das heißt ohne vorherige Genehmigung des UN-Sicherheitsrats. Traditionell unterbrechen Sanktionsmächte den Handel, um andere Staaten in die Knie zu zwingen. Nach den Terroranschlägen vom 11. September 2001 – den schlimmsten jemals in den Vereinigten Staaten verübten Attacken – beginnen die USA jedoch eine „neue Ära der finanziellen Kriegsführung".[5] Sie nutzen systematisch ihre dominante Stellung im globalen Finanzsystem, um Geldflüsse an islamistische Terrorgruppen, deren Unterstützer und andere Staaten zu kappen. Als mächtigste Demokratie der Welt verhängen die Vereinigten Staaten zudem immer häufiger Zwangsmittel, um demokratische Reformen und den Schutz der Menschenrechte in anderen Ländern zu erzwingen.

In den Vereinigten Staaten nimmt der Präsident die zentrale Rolle in der Außenpolitik ein und entscheidet direkt, ob er

Sanktionen verhängt. Sein (oder ihr) zentrales Instrument sind dabei Executive Orders, also Verordnungen, die Zwangsmittel in Kraft setzen. Zwar sind bei der Umsetzung und beim Auswählen von Sanktionszielen viele Ministerien und Behörden beteiligt. In den USA spricht man deswegen auch von „Interagency Coordination". Allerdings dominiert in letzter Zeit eine einzige Abteilung, das Office of Foreign Assets Control (OFAC) im Finanzministerium, das Sanktionsgeschäft in den USA. Deren Beamtinnen und Beamten haben das Fachwissen und die Mittel, um die Strafmaßnahmen der Supermacht durchzusetzen. Doch auch das Parlament ist aktiv. Laut einer aktuellen Studie hat der US-Kongress mehr als ein Drittel aller US-Sanktionen initiiert.[6] Mit Gesetzen wie dem CAATSA, dem „Countering America's Adversaries Through Sanctions Act", von 2017 übt der Kongress direkt Druck auf den Präsidenten aus, Sanktionen zu verhängen.

OFAC ist weltweit die größte und stärkste Sanktionseinheit. Sie geht extrem aggressiv vor – ihre Beamten verstehen sich als Spürhunde und ahnden Verstöße umgehend. Zumindest bei ausländischen Firmen scheut sich die Sanktionsabteilung nicht, drastische Strafen zu verhängen. Ein bemerkenswerter Fall ist die Neun-Milliarden-Dollar-Zahlung, die OFAC 2015 gegen die französische Bank BNP Paribas verhängte, weil das Geldinstitut die US-Sanktionen gegen Sudan, Iran und Kuba verletzt hatte. Die heftige Strafe schockte nicht nur BNP Paribas, sondern alle großen, international verbundenen Geldhäuser, vor allem die für die Verbindung des globalen Finanzsystems so wichtigen Korrespondenzbanken, die Geldinstitute weltweit verbinden. Kein Wunder, dass 2019 die zuständige Unterstaatssekretärin des US-Finanzministeriums, Sigal Mandelker, OFAC als „das schlagende Herz der US-Sanktionsbehörden" bezeichnete. Die Einheit sei das zentrale Instrument,

„um Verhaltensweisen zu ändern, illegale Finanzierungen zu unterbinden und unsere außenpolitischen Prioritäten weltweit voranzutreiben".[7]

Wieso aber können die USA eine französische Bank so drakonisch bestrafen? Warum gab BNP Paribas klein bei und überwies schließlich neun Milliarden Dollar an die US-Regierung? Die Antwort liegt in der dominierenden Rolle des US-Dollars als weltweiter Leitwährung und der Bedeutung des amerikanischen Wirtschaftsraums. Die Vereinigten Staaten nutzen ihre Währung als Angriffspunkt: Sowie auch nur ein Vorprodukt oder ein kleinster Teil eines Geschäfts in Dollar abgerechnet wird, sieht OFAC die Möglichkeit des Zugriffs. Ihre Finanzsanktionen schneiden dann den Zugang zum US-Dollar, zum heimischen Markt oder gleich ganz zum internationalen Bankensystem ab. Auf die Wirkung von Finanzsanktionen gehe ich weiter unten genauer ein.

BNP Paribas und anderen ins Visier geratenen Banken eröffnen die Beamtinnen und Beamten kompromisslos zwei Optionen: Entweder landen sie auf der OFAC-Sanktionsliste und verlieren jeglichen Zugang zur weltgrößten Wirtschaft und dem globalen Finanzplatz New York. BNP Paribas könnte für seine Kunden keinerlei Geschäfte und Überweisungen mehr mit Banken, Unternehmen und Behörden in den USA ausführen, geschweige denn Geld leihen oder Anleihen im weltweit wichtigsten Finanzmarkt platzieren. Es bliebe lediglich der Zugang zu international isolierten Staaten wie Iran, Kuba und Sudan – Leichtgewichte, die den Verlust nicht einmal im Prozentbereich ausgleichen könnten. BNP Paribas würde aufhören, als internationale Bank zu existieren, es wäre der Ruin des Geldhauses. Die Alternative: Sie folgt den Strafmaßnahmen der Vereinigten Staaten. Wenig überraschend stimmte die französische Bank der Rekordstrafe für die Verletzung von Sanktionen zu, um den Zugang zum internationalen Finanzmarkt und den USA zu behalten.

Der Griff der Supermacht reicht noch weiter. Sie dominiert das SWIFT-System (Society for Worldwide Interbank Financial Telecommunication), den Kommunikationsdienst der Banken für weltweite Geldzahlungen. Mehr als 11.000 Finanzinstitute in mehr als 200 Ländern nutzen das System. Zwar befindet sich die Zentrale von SWIFT im belgischen La Hulpe, also auf europäischem Boden. Die Daten laufen jedoch durch die Vereinigten Staaten, weil die Organisation ihr Rechenzentrum in Culpeper im Norden Virginias, nur eine Autostunde von Amerikas Hauptstadt Washington entfernt, baute. US-Behörden können damit auf Transaktionsdaten von SWIFT zugreifen und theoretisch alle über das globale Kommunikationssystem abgewickelten Überweisungen kontrollieren. Laut Presseberichten zwangen der US-Auslandsgeheimdienst CIA, die Bundespolizei FBI, das Finanzministerium und die amerikanische Notenbank SWIFT nach den Terroranschlägen vom 11. September 2001 mehrmals, Daten über Millionen von Überweisungen herauszugeben. Die amerikanischen Behörden wollten damit die Finanzierung von Terrorgruppen nachverfolgen und stoppen.

Mit OFAC unterhält die amerikanische Regierung eine schlagkräftige Behörde, die ganze Länder wie Kuba, Venezuela, Belarus und Russland abstraft. Unzweifelhaft reagieren die USA mit ihren Sanktionen auf gravierende Normverletzungen und Gefahren für die internationale Sicherheit wie Russlands Angriff auf die Ukraine und die Atomprogramme in Iran und Nordkorea. Kritiker unterstellen der Großmacht jedoch noch weitere Absichten. Beim Streit um die Ostseepipeline Nord Stream 2 argumentierten deutsche und europäische Politikerinnen und Politiker, Washington wolle die Gaspipeline vor allem deshalb verhindern, um eigenes Flüssiggas verkaufen zu können. Außerdem fällt auf, dass die Strafen für amerikanische Firmen deutlich niedriger ausfallen als für ausländische Unternehmen. Europäische Banken wie BNP Paribas, ING, Credit Suisse, HSBC, Crédit Agricole und die Commerzbank mussten bislang die höchsten Strafen im Finanzsektor zahlen.[8]

OFAC behandelt heimische Firmen offensichtlich nachsichtiger oder bevorzugt sie sogar. Von einem frühen Beispiel berichtet Agathe Demarais in ihrem Buch „Backfire": 1981 forderte der damalige US-Präsident Ronald Reagan Japans Ministerpräsidenten Zenkō Suzuki auf, der japanischen Firma Komatsu zu verbieten, Technik für den Bau einer Gaspipeline von Sibirien nach Europa zu liefern. Die Einnahmen aus dem Gasverkauf würde die Sowjetunion nutzen, um ihre Truppen aufzurüsten. Ganze zehn Tage nachdem die japanische Regierung das Geschäft gestoppt hatte, erteilte jedoch das US-Wirtschaftsministerium dem amerikanischen Unternehmen Caterpillar eine Exportgenehmigung, genau diese Technik an die Sowjetunion zu liefern.[9]

Ein ähnliches Muster zeigt sich offenbar nach dem russischen Überfall auf die Ukraine. Während sich zahlreiche internationale Konzerne aus Russlands Ölsektor zurückgezogen haben, fuhr die amerikanische SLB (früher: Schlumberger), der weltgrößte Öltechnik-Konzern, nach Presseberichten sein Geschäft 2022 in Sibirien hoch. Das Unternehmen stellte in dem Jahr ungefähr 70 neue Mitarbeiter ein und steigerte seinen Profit in Russland deutlich.[10] Anscheinend verletzte das Unternehmen aus Houston westliche Sanktionen damit nicht direkt. Allerdings ist bemerkenswert, dass OFAC SLB nicht am Ausbau seines Russland-Geschäfts im kritischen Ölsektor hinderte. Es lassen sich weitere Beispiele finden: Trotz härtester Sanktionen gegen Venezuelas Energiesektor durften amerikanische Unternehmen wie Chevron und Halliburton mit Sondergenehmigungen weiter Ausrüstung für die Ölförderung des Landes liefern. Im Gegensatz dazu mussten auch europäische Firmen Iran innerhalb von sechs Monaten verlassen, nachdem die Trump-Regierung das Nuklearabkommen im März 2018 einseitig aufgekündigt hatte.[11]

Zunehmend verschwimmen die Grenzen zwischen Sanktionen – also wirtschaftlichen Beschränkungen, um ein politisches Ziel zu erreichen – und Handelskriegen. Seit US-Präsident Trump erleben hohe Zölle und Exportkontrollen ein Revival, sein Nachfolger Joe Biden führt diese Politik nahtlos fort. Mit Exportkontrollen für Hightech-Güter wie Computerchips und Hochleistungs-Halbleiter greifen die Vereinigten Staaten tief in globale Produktionsketten ein. Die US-Präsidenten wollen damit einerseits den rasanten wirtschaftlichen Aufstieg des Rivalen China abbremsen. Andererseits soll die Volksrepublik die Spitzentechnologie nicht dazu nutzen, ihre Armee, Luftwaffe, Marine und Cyberarmee weiter aufzurüsten.[12]

Autonome Sanktionen der EU seit 2004

Im Vergleich zu den USA ist die EU eine Nachzüglerin im Sanktionsbereich. Zwar verhängte der Staatenbund schon zuvor Zwangsmittel, jedoch legten seine Mitgliedsstaaten erst 2004 mit den „Grundprinzipien für die Anwendung restriktiver Maßnahmen (Sanktionen)“ ihre eigenständige Sanktionspolitik fest.[13] Seitdem nutzt Europa dieses Werkzeug der Außenpolitik vor allem, um Menschenrechte, freie Wahlen, eine unabhängige Justiz und andere demokratische Prozesse im Ausland zu fördern.[14] Wie die USA verhängen die 27 Mitgliedsstaaten Zwangsmittel ausdrücklich auch ohne ein Mandat des Weltsicherheitsrats.

Die EU ist ein komplexes Gebilde, Entscheidungen nehmen verschlungene Wege. Grundsätzlich erlässt die Union ihre Strafmaßnahmen im Rahmen ihrer Gemeinsamen Außen- und Sicherheitspolitik (GASP). Sanktionen sind nicht „vergemeinschaftet“, wie es in der Sprache Brüssels heißt. In Sicherheits- und Sanktionsfragen entscheiden damit stets die Regierungen im Rat für Auswärtige Beziehungen („der Rat“), in dem die Außenministerinnen und -minister sitzen; die EU-Kommission mit ihren ungefähr 32.000 Beamtinnen und Beamten in Brüssel unterstützt nur. Es gilt das Prinzip der Einstimmigkeit: Sagt nur einer der 27 Mitgliedsstaaten „Nein“, gibt es keinen Sanktionsbeschluss.

Insgesamt gelten die Regierungen im Süden Europas und einige im Osten wie Ungarn als eher sanktionskritisch, während die skandinavischen Mitglieder Dänemark, Schweden und Finnland sowie die Niederlande in der Tendenz bereitwilliger Strafmaßnahmen gegen andere Staaten einsetzen. Mit dem Brexit am 31. Januar 2020 verlor die Europäische Union ihren wichtigsten Fürsprecher von wirtschaftlichem Zwang. Großbritannien führte bei Normverletzungen nicht nur regelmäßig die Sanktionsbefürworter an, sondern verfügte bei Weitem über die größte Man- und Womanpower zur Durchsetzung der Zwangsmittel. Mit dem 2016 gegründeten Office of Financial Sanctions Implementation (OFSI) im Finanzministerium folgt die britische Regierung dem amerikanischen OFAC-Vorbild.

In der EU kommen Vorschläge für neue Strafmaßnahmen von den Mitgliedsstaaten, der Kommission oder von Josep Borrell, dem Hohen Vertreter für Außen- und Sicherheitspolitik – einer Art EU-Außenminister. Diese werden dann in verschiedenen Arbeitsgruppen und schließlich im Rat für Auswärtige Beziehungen oder in drastischen Fällen auch im Europäischen Rat der Regierungschefs diskutiert. Die Beamtinnen und Beamten des Europäischen Auswärtigen Dienstes und der Kommission arbeiten die Rechtstexte und Sanktionslisten aus. Der Prozess läuft nicht reibungsfrei: Innerhalb der EU herrscht ein intensiver Wettbewerb zwischen den Generaldirektionen (den europäischen Ministerien) und dem Europäischen Auswärtigen Dienst. Einige Beobachter bezeichnen die Konkurrenz sogar als „bürokratischen Revierkampf".[15]

Dazu kommen zwei Besonderheiten: Erstens hat die Verwaltung Brüssels im Bereich der Sanktionen nur schwache Muskeln. Ein gemeinsames OFAC fehlt. Sowohl bei den Sanktionslisten für Personen, Firmen und Organisationen als auch bei der Umsetzung der Strafen muss sich der Rat auf die Mitgliedsstaaten verlassen. Die Sanktionen gegen Russland zeigen deutlich, wie schwer es den EU-Staaten fällt, die Strafmaßnahmen wirklich durchzusetzen.[16] Die weitverzweigten, oft in Briefkastenfirmen geparkten und an Verwandte überschriebenen Besitztümer von russischen Oligarchen zu erfassen, erfordert einen enormen Aufwand. Die 48 Sanktionsregimes der EU (Stand: Juli 2023) bringen insbesondere kleinere Mitgliedsstaaten an ihre Grenzen, sie können Schmuggel und andere illegale Tricks oft nicht wirkungsvoll verfolgen.

Dazu kommt: Die Umsetzung gleicht einem Flickenteppich. In einigen EU-Staaten galt das Umschiffen der Zwangsmittel als Straftat, in anderen als Ordnungswidrigkeit, in einer dritten Gruppe je nach Vergehen mal als Straftat oder als Ordnungswidrigkeit. Mit einer „Harmonisierungsrichtlinie" machte die Kommission Sanktionsbetrug nun in allen EU-Staaten zur Straftat. Außerdem ernannten die Europäer mit dem erfahrenen Karrierediplomaten David O'Sullivan im

Dezember 2022 zum ersten Mal einen Beauftragten für EU-Sanktionen. Er soll die europäischen Zwangsmaßnahmen vereinheitlichen, den Kontakt zu den anderen Sanktionsmächten und Drittstaaten halten sowie Brüssels Gewicht bei Sanktionen stärken.

Zweitens haben, anders als in den USA, Personen und Organisationen wiederholt erfolgreich vor nationalen Gerichten und dem Europäischen Gerichtshof (EuGH) gegen ihre Listungen geklagt. Den Anstoß gab Yassin Abdullah Kadi, ein saudischer Geschäftsmann, der unmittelbar nach den islamistischen Terroranschlägen von 9/11 auf den Sanktionslisten der USA, der Vereinten Nationen und schließlich der Europäischen Union landete. Alle Sanktionsmächte setzten sein Vermögen fest und verhängten Reiseverbote gegen ihn. Die europäischen Staaten weigerten sich, die Gründe für seine Listung zu nennen. Kadi wusste deswegen nicht, was ihm genau vorgeworfen wurde und welche Beweise gegen ihn vorlagen.

Dagegen klagte Yassin Abdullah Kadi, die Prozesse gingen als Kadi I und Kadi II in die Justizgeschichte ein und veränderten die Sanktionspraxis der EU tief greifend. Im Jahr 2008 urteilte der EuGH, dass die Listung ohne stichhaltige Begründung oder Beweise für eine Terrorfinanzierung gegen die Menschenrechte Kadis verstieß. Obwohl die EU hastig Gründe für die Sanktionierung des Geschäftsmanns nachschob, ordnete das Gericht zwei Jahre später endgültig an, Yassin Abdullah Kadi von der Liste zu streichen. Seit diesem Urteil können sich die europäischen Regierungen nicht mehr auf Geheimhaltung berufen und müssen öffentlich begründen, warum sie Verantwortliche und Organisationen mit Zwangsmitteln belegen. Die Regierungen fürchten seitdem die Macht der Gerichte und sind extrem darauf bedacht, ihre Listungen „gerichtsfest" zu machen.

Trotzdem fechten gelistete Personen regelmäßig ihre Sanktionierung an – teilweise mit Erfolg. Im März 2023 klagte Violetta Prigoschina, die 83-jährige Mutter des russischen Kriegsherren Jewgeni Prigoschin, erfolgreich gegen ihre Listung. Die EU warf ihr vor, die Wagner-Gruppe ihres im August 2023 bei einem Flugzeugabsturz ums Leben gekommenen Sohnes zu unterstützen. Jene Söldnertruppe, die mit brutalsten Mitteln in der Ukraine kämpfte, Zehntausende Insassen aus russischen Gefängnissen für die Invasion rekrutiert hatte und im Juni 2023 kurzzeitig Richtung Moskau zog. Außer seiner Mutter belegte die EU noch Prigoschins Ehefrau, seinen Sohn und seine älteste Tochter mit Strafen. Das EuGH-Urteil stellt die Sanktionierung von Familienmitgliedern – früher „Sippenhaft" genannt – infrage. Jedoch hielt Violetta Prigoschina nach Auskunft ihrer Anwälte von 2011 bis 2017 Anteile an Unternehmen ihres Sohnes. Wenn die Union weitere Beweise für ihre Verbindung zur Wagner-Gruppe vorlegt, könnte sie die Mutter des Warlords nach Einschätzung von Rechtsexperten deswegen erneut sanktionieren.[17] Die EU muss ihre Listungen aber sehr genau begründen, während Gerichte in den USA die Strafmaßnahmen bereitwilliger akzeptieren und Nachweise kaum prüfen.

Wenn man sich die komplexen Entscheidungspfade und die starke Rolle der europäischen Gerichte vor Augen führt, wirkt es wie ein Wunder, dass die EU zur zweitwichtigsten Sanktionsmacht der Welt aufgestiegen ist. Während sich die EU schwertut, gegen ihre Mitglieder vorzugehen, wenn diese wie Österreich, Ungarn und Polen eigene Grundsätze verletzen („Vertragsverletzungen"), hat sie ihre Strafmaßnahmen nach außen Schritt für Schritt ausgeweitet. Neben ihren auf Länder wie Belarus, Myanmar, Haiti, Somalia oder Syrien bezogenen Zwangsmitteln unterhält die Union, wie ich oben gezeigt habe, mittlerweile auch thematische – horizontale – Sanktionen zum Schutz der Menschenrechte und demokratischer Prozesse, sowie zum Kampf gegen Terroristen, Cyberattacken und den Einsatz von Chemiewaffen. Die Russlandsanktionen müssen dabei als vorläufiger Höhepunkt gelten. Brüssel bezeichnet seine Zwangsmittel nun auch selbstverständlicher als „Sanktionen“, nicht nur verschämt als „restriktive Maßnahmen“. Spätestens jetzt sind Sanktionen zum zentralen Werkzeug im außenpolitischen Werkzeugkasten der EU geworden.

Heißes Eisen Sekundärsanktionen

Die Vereinigten Staaten und Europa laufen keineswegs immer im Gleichschritt, wenn es um Sanktionen geht. Seit langer Zeit streiten sie sich um sogenannte Sekundärsanktionen. Die USA nehmen mit ihren Strafen oft nicht nur das Primärziel ins Visier, um ein Atomwaffenprogramm, die Unterstützung von Terrorgruppen oder Folter und Machtwillkür zu stoppen. Sie zielen mit Sekundärsanktionen zudem auf Firmen, Organisationen, Personen oder ganze Staaten, die nicht direkt beteiligt sind, sich dem US-Druck aber nicht anschließen und weiter Handel mit Staaten wie Iran oder Kuba treiben. Wie wir gesehen haben, bietet die Dominanz des Dollars und Amerikas Wirtschaftskraft der US-Regierung einfachen Zugriff. Mit ihren Sekundärsanktionen versucht sie, die Umgehung durch „schwarze Ritter“ zu verhindern und ihren Strafen mehr Biss zu geben. Die Maßnahmen sind völkerrechtlich hochumstritten: Darf die Großmacht Unbeteiligte ins Visier nehmen, um die Umsetzung ihrer Strafen zu erzwingen?

Auch Europa ist Ziel dieser Sekundärsanktionen und wehrt sich gegen den Druck des transatlantischen Partners.

1996 verschärften die USA mit dem Cuban Liberty and Democratic Solidarity (LIBERTAD) Act ihr Embargo gegen das von Fidel Castro geführte Regime auf Kuba. Das Gesetz wird inoffiziell Helms-Burton Act genannt, nach Senator Jesse Helms und dem Abgeordneten im US-Repräsentantenhaus Dan Burton, die das Gesetz eingebracht hatten. Mit dem Gesetz verfolgen die USA offiziell das Ziel, „den friedlichen Übergang zu einer repräsentativen Demokratie und einer Marktwirtschaft in Kuba" zu erzwingen.[18] Die von Präsident Bill Clinton unterzeichnete Regelung verbietet neben amerikanischen auch Firmen aus anderen Ländern den Handel mit dem Inselstaat und droht Unternehmen mit Geschäftsbeziehungen zu Kuba mit Klagen und der Sperrung des amerikanischen Marktes, falls sie gegen das Verbot verstoßen. Ähnliche Regelungen gelten für die US-Sanktionen gegen Iran und Libyen.

Politikerinnen und Politiker in der EU schäumten, sie sahen dadurch die Rechte von EU-Bürgern und Firmen verletzt.[19] Am 22. November 1996 verhängte der Rat formal Gegensanktionen, die jedoch vor allem symbolischer Natur sind. Die Gemeinschaft stellt es jedem Mitgliedsstaat frei, „Maßnahmen zu verhängen, die er für erforderlich hält, um die Interessen von natürlichen und juristischen Personen zu schützen, die von der extraterritorialen Anwendung der Gesetze eines Drittstaats beeinträchtigt werden".[20] Zudem verfügte der Rat, dass es illegal sei, den Sekundärsanktionen des Partners auf der anderen Seite des Atlantiks zu folgen. Europäische Personen und Firmen, die sich dem amerikanischen Druck beugen, machen sich also strafbar. Dieses sogenannte Blocking Statute ist bis heute in Kraft, die USA finden sich damit formal auf der EU-Sanktionsliste.[21] Der Konter läuft jedoch ins Leere: Europäische Firmen würden nicht öffentlich zugeben, dass sie sich wegen der US-Maßnahmen aus Kuba, Iran oder Libyen zurückziehen, sondern im Zweifel andere gewichtige Gründe anführen.

Zwölf Jahre später gerieten Amerikaner und Europäer erneut aneinander. Als Präsident Trump im Mai 2018 das Aus des Nuklearabkommens mit Iran verkündete, stellte er in bekannter Manier auch Geschäfte anderer Staaten mit dem Regime in Teheran unter Strafe. Ein direkter Angriff auf Europas Handel mit Iran, der gerade wieder Fahrt aufnahm. Um die Wirtschaftsbeziehungen zu retten und dem Zugriff der USA zu entziehen, gründeten Deutschland, Frankreich und Großbritannien ein Jahr darauf das „Instrument in Support of Trade Exchanges" (INSTEX) mit Sitz in Paris. Sieben weitere europäische Staaten schlossen sich an. INSTEX' einzige Aufgabe bestand darin, die Sekundärsanktionen Amerikas zu umgehen. Das Motto des Instruments lautete: „sicher, wirksam, europäisch". Warenlieferungen von und nach Iran sollten miteinander verrechnet, die Geschäfte als Tauschhandel organisiert werden.

Die Initiative scheiterte auf ganzer Linie. Zum einen war das System zu kompliziert. Zum anderen drohten die USA und Israel umgehend, beteiligte Unternehmen mit heftigen Strafen zu belegen. Diese Gefahr war europäischen Firmen zu groß. INSTEX wickelte in vier Jahren lediglich ein einziges Geschäft ab – Anfang 2020 lieferten europäische Unternehmen medizinisches Gerät nach Iran. Das Mullah-Regime lehnte weitere Lieferungen ab. Am 9. März 2023 lösten die drei Gründungsstaaten schließlich ihr Handelsinstrument auf.[22] Europa war daran gescheitert, einen sicheren Umweg für seine Geschäfte mit dem 88-Millionen-Einwohner-Land zu schaffen.

Trotz allem will sich die Europäische Union mit einer weiteren Initiative gegen Nötigung von außen zur Wehr setzen. Ursprünglich war sie in erster Linie gegen US-Präsident

Trumps Politik, jetzt ist sie vor allem gegen die Volksrepublik China gerichtet. Einer der Auslöser war unspektakulär. Anfang 2022 öffnete in einem Hochhaus im Zentrum von Litauens Hauptstadt Vilnius ein unscheinbares Büro: „Taiwans Vertretungsbüro". Anders als ähnliche Repräsentanzen, die es auch in Deutschland gibt, nimmt der Name des Büros nicht Bezug auf Taiwans Hauptstadt Taipeh, sondern nutzt den Ländernamen „Taiwan". Die Volksrepublik China betrachtet die demokratisch regierte Insel jedoch als Teil ihres Staatsgebiets. Die Eröffnung der Vertretung war demgemäß ein No-Go für Chinas Regime. Präsident Xi Jinpings Regierung hatte zuvor mit ernsten Konsequenzen gedroht und berief sofort seinen Botschafter aus Vilnius ab. Außerdem untersagte sie, dass weiter Lebensmittel aus Litauen nach China exportiert werden. Und tatsächlich hat das chinesische Embargo den Handel beider Staaten steil nach unten getrieben.

Der Druck Chinas geht noch darüber hinaus. Deutschland und andere Staaten Europas dürfen keine Güter ins Land bringen, in denen Vorprodukte des EU-Partners Litauen enthalten sind. Andere europäische Regierungen sollen dem kleinen Staat mit seinen drei Millionen Einwohnerinnen und Einwohnern hinter verschlossenen Türen nahegelegt haben, auf den teuren Streit mit der Großmacht zu verzichten. Die litauische Regierung lässt sich jedoch bis heute nicht einschüchtern, das baltische Land hat den Verlust mit anderen Handelspartnern mittlerweile ausgeglichen.

Wegen solcher Auseinandersetzungen wollen die Europäer mit einem neuen „Anti-Coercion Instrument", also einem „Instrument zur Bekämpfung von Nötigung", zurückschlagen. EU-Kommissionspräsidentin Ursula von der Leyen mahnte im März 2023, die Union müsse „neue defensive Werkzeuge" entwickeln, um Sanktionsangriffe von außen abzuwehren, gerade im Bereich von Spitzentechnologie wie Quantencomputern und künstlicher Intelligenz.[23] Sie forderte die „mutigere und schnellere“ Anwendung von bestehenden und neuen Werkzeugen, um Europas Interessen zu schützen. Der Block kann mit seinem Anti-Coercion Instrument nun auf Wirtschaftszwang von außen leichter mit dem ganzen Arsenal eigener Handelsbeschränkungen antworten – höheren Zöllen, Kontrollen für Im- und Exporte, Beschränkungen für Dienstleistungen oder bei öffentlichen Ausschreibungen. Dies gilt gerade für kritische Technologien, die andere Staaten auch für militärische Zwecke und die Unterdrückung ihrer Bevölkerung nutzen können. Die Grenzen zwischen Wirtschaftssanktionen, um ein politisches Ziel zu erreichen, und Handelskriegen verschwimmt damit auch in Europa immer weiter.

Ohne Zweifel stärkt die Union damit ihre Muskeln. Sie will sich nicht herumschubsen lassen. Ursprünglich war geplant, dass die EU-Kommission die Gegenschläge auslösen kann, dafür ist das Anti-Coercion Instrument jedoch zu schwach ausgefallen. Nach langen Diskussionen haben mittlerweile die Mitgliedsstaaten und nicht die Kommission in Brüssel das letzte Wort bei der Frage, wen Europa mit Gegendruck belegt.[24] Das macht den Einsatz der Kontermittel weniger wahrscheinlich. Wie wir gesehen haben, behalten Sanktionsmächte stets ihre eigenen Kosten im Auge. Dies gilt besonders für den „Exportweltmeister“ Deutschland, wo Wirtschaftsinteressen die Außenpolitik von jeher stark beeinflussen. Schon seit Jahren ist die Volksrepublik der wichtigste Handelspartner Deutschlands (Ausfuhren und Einfuhren zusammengerechnet), für Unternehmen wie Volkswagen ist der Zugang zum chinesischen Markt existenziell. Es ist deshalb keineswegs sicher, dass die erforderliche Mehrheit von EU-Staaten einem wirtschaftlichen Gegenschlag zustimmt, wenn ein Mitgliedsland von außen unter Druck gesetzt wird.

Enge Abstimmung zwischen westlichen Partnern

Trotz des Streits um Sekundärsanktionen und Ankündigungen des damaligen US-Präsidenten Trump, auch Europa mit Strafmaßnahmen zu überziehen, üben die transatlantischen Partner in der Regel gemeinsam Druck gegen andere aus. Einen bemerkenswerten Höhepunkt erreichte die Zusammenarbeit mit den Sanktionen gegen Russland. Noch nie haben westliche Staaten in so kurzer Folge gemeinsam so umfangreiche Zwangsmittel verhängt wie nach dem russischen Überfall auf die Ukraine, der am 24. Februar 2022 begann. Dies betrifft die Finanz-, Technologie- und Energiesanktionen. Auch beim Preisdeckel für Erdöl auf 60 US-Dollar pro Fass gehen die wichtigsten westlichen Industriestaaten der G7 gemeinsam vor.

Eine einheitliche Sanktionspolitik stößt aber auch an Grenzen. Zwar stimmen beide Seiten des Atlantiks häufig überein, welche Einzelpersonen, Einrichtungen und Organisationen sie listen. Allerdings gelingt es dem Rat für Auswärtige Beziehungen der EU und Behörden wie OFAC selbst im Fall von Russland oft nicht, politische Eliten oder Oligarchen gemeinsam zu listen. Von den 20 reichsten Russen war ungefähr einen Monat nach dem Beginn von Russlands vollständiger Invasion lediglich einer auf allen drei Sanktionslisten der USA, der EU und Großbritanniens geführt.[25]

Große Unterschiede zeigen auch die amerikanischen und europäischen Strafmaßnahmen, die sich gegen die Islamische Republik Iran, Venezuela oder Simbabwe richten. Bei der Listung von Personen und Organisationen wegen Terrorismus, Cyberattacken, der Verbreitung von Chemiewaffen oder schweren Menschenrechtsverletzungen stimmen sich Amerika und Europa häufig nicht ab. Abgesehen von den unterschiedlichen Listungen ist der Trend unter der Biden-Administration allerdings eindeutig: Amerikaner und Europäer als die wichtigsten Sanktionsmächte gehen zunehmend gemeinsam vor. Sie folgen damit der etablierten Erkenntnis, dass Sanktionen möglichst vieler Staaten wirksamer sind als unilaterale Zwangsmittel.

9 Das schärfste Schwert: Finanzsanktionen

Während Sanktionsmächte früher den Güterhandel mit ihren Gegnern vollständig abriegelten, und sei es durch die Blockade von Seehäfen, verhängen der Westen und die UNO heute zunehmend Finanzsperren, oft gemeinsam mit anderen Strafen. Diese Beschränkungen gelten als besonders schmerzhaft für das Zielland. Die Grundidee ist einfach: Sanktionsmächte unterbinden nicht (nur) direkt den Handel mit Gütern wie Waffen, Dünger, Autos oder Maschinen, sondern auch die Möglichkeit, dafür zu zahlen, sich bei ausländischen Banken Geld zu leihen und überhaupt am globalisierten Finanzmarkt mit seinen Korrespondenzbanken teilzunehmen. Westliche Staaten, aber auch die Vereinten Nationen, können damit einzelne Terrorgruppen, Banken oder auch ganze Länder treffen.

Unter US-Präsident Bill Clinton nahm die Nutzung des Instruments Ende der 1990er-Jahre Fahrt auf. Seine Regierung wollte den Missbrauch des globalisierten Finanzsystems verhindern und transnational, also über Ländergrenzen hinweg, operierende Terrorgruppen austrocknen. Terroristen, Finanziers und „staatliche Unterstützer des Terrorismus“ wie Libyen, Iran und Afghanistan gerieten ins Visier der US-Regierung. Nach den islamistischen Anschlägen von 9/11 in Amerika erreichten die Finanzwaffen eine völlig neue Dimension. Clintons Nachfolger George W. Bush sprach von der „Achse des Bösen“ („Axis of Evil“) und das US-Finanzministerium startete einen „versteckten Krieg“, um islamistischen Terrorgruppen, allen voran der von Osama bin Laden geführten Terrorzelle al-Qaida, die Geldflüsse abzuschneiden.[1] Mutmaßliche Geldgeber landeten umgehend auf den Sanktionslisten der USA, Europas und der Vereinten Nationen; jeder Austausch mit den gelisteten Personen und Gruppen ist strafbar.

Die USA und ihre Partner zielen zudem mit ihren Finanzsanktionen auf Atomwaffenprogramme. Seit 2006 hat der Weltsicherheitsrat fast ein Dutzend Resolutionen gegen Nordkorea verabschiedet, um das Atomprogramm des Landes zu stoppen, nachdem das Land 2003 aus dem Vertrag über die Nichtverbreitung von Nuklearwaffen ausgetreten war. Die UN-Maßnahmen verbieten neben dem Export von Technologien, die das Regime von Kim Jong-un für seine Atomsprengköpfe braucht, den Handel mit Gold, wertvollen Metallen und Diamanten und kappen weitere Geldquellen des Regimes.

Der lange Arm der Strafmaßnahmen reicht dabei bis nach Deutschland: Unter anderem geriet das nordkoreanische Botschaftsgelände in Berlin-Mitte in den Blick. Auf dem Grundstück nahe der Leipziger Straße sorgte ein Hostel für zusätzliche Einnahmen des Regimes. Diese Finanzspritzen könnten auch das nordkoreanische Atomprogramm stützen. Nachdem Nordkorea erneut eine Kernwaffe getestet hatte, verschärften die Vereinten Nationen im November 2016 ihre Zwangsmittel weiter. Nordkoreanische Botschaften dürfen seitdem ihre Immobilien nur noch für diplomatische Aufgaben nutzen und nicht mehr weitervermieten. Bis das Verbot der Weltgemeinschaft in Berlin wirkte, dauerte es allerdings. Erst nach langem Hin und Her verschiedener Behörden und einem Rechtsstreit schloss das City Hostel Berlin schließlich Ende März 2020.[2] Das Gebäude steht seitdem leer.

Die Strafen gegen Iran machten Finanzsanktionen endgültig zum Mittel der Wahl. Um die Anreicherung von Nuklearmaterial zu stoppen, verhängte der Weltsicherheitsrat 2006 zum ersten Mal ein völkerrechtlich bindendes Embargo. Der Rat verschärfte seine Strafen im Lauf der Zeit immer weiter und beschloss mit Resolution 1929 im Jahr 2010, die Auslandskonten von 40 Forschungseinrichtungen und Firmen, die mit Irans Atomprogramm zu tun hatten, einzufrieren. Die Zwangsmittel des Westens gingen jedoch weit darüber hinaus: Im Jahr 2012 sperrte SWIFT, der weltweite Nachrichtendienst für mehr als 11.000 Banken, zum ersten Mal iranische Geldinstitute aus. Damit machte der von den USA angeführte Westen globale Finanzverflechtungen endgültig zur „Waffe".[3]

Man kann sich das vorstellen wie eine Postleitzahl, die plötzlich nicht mehr gültig ist. Die Post weiß dann nicht, wohin sie Briefe zustellen soll. Ein ungültiger SWIFT-Code macht Überweisungen ins Ausland nicht unmöglich, aber sehr aufwendig. Für Familien in Iran bedeutet es zum Beispiel, dass Verwandte aus dem Ausland kein Geld mehr direkt überweisen können. Iranische Firmen können keine Rechnungen im Ausland mehr begleichen, geschweige denn Kreditkarten von Visa oder Mastercard nutzen. Zusammen mit dem Ölembargo des Westens richteten die Finanzstrafen enormen Schaden an. Iran war finanziell abgeriegelt, ein Zaun um das Land gezogen. Zwischen 2010 und 2012 fielen Irans Einnahmen aus dem Ölexport, der Haupteinnahmequelle des Landes, um die Hälfte. Fachleute prägten für dieses Zwangsmittel extra ein neues Fachwort: „De-swifting", die „Entswiftung" vom internationalen Bankensystem.

Auch nach Russlands Überfall auf die Ukraine setzten Washington, London und Brüssel sofort auf Finanzsanktionen, um den Angreifer direkt zu treffen. In einem beispiellosen Akt froren westliche Staaten umgehend Devisen der russischen Zentralbank im Wert von 300 Milliarden Dollar ein. Jedoch hielten die Europäer mit Deutschland an der Spitze in den ersten sechs Monaten der russischen Invasion bewusst die Zahlungskanäle offen, um ihre Gas- und Ölrechnungen weiter begleichen zu können. Noch immer ist Russlands Finanzsystem nicht komplett „entswiftet", so ist die Gazprom-Bank weiter mit dem internationalen Finanzmarkt verbunden. Trotzdem sind die Finanzsanktionen für Russland deutlich spürbar. Zum Beispiel verboten westliche Regierungen die Platzierung von russischen Anleihen, zentrale Finanzplätze wie New York, London und Frankfurt sind tabu. Russische Unternehmen stehen damit vor enormen Problemen, außerhalb ihres Landes auf Finanzmittel zuzugreifen.

Im Arsenal der Wirtschaftswaffen sind Finanzsanktionen das schärfste Schwert; die Instrumente äußerst schmerzhaft für jede moderne, global vernetzte Volkswirtschaft. Forschenden sowie Politikerinnen und Politikern gelten sie deswegen als besonders einschneidend. Ihre Bedeutung geht weit über die verhängten Beschränkungen hinaus, vor allem weil das Bankgeschäft auf Vertrauen beruht und Finanzinstitute besonders abhängig von ihrer Reputation sind. Sie wirken wie ein hell leuchtendes Warnschild. Im Zweifel ist es deswegen gerade für große, international aktive Bankkonzerne besser, kein Risiko einzugehen und die Verbindungen zu Staaten wie Iran, Syrien, Myanmar oder Nordkorea vollständig zu kappen. Diese Vorsicht ist unter dem Begriff „Übererfüllung" („Over-Compliance") bekannt und führt zur wirtschaftlichen Abkühlung in den betroffenen Staaten. Während Handelssanktionen einen Anreiz bieten, die Beschränkungen zu umgehen und Waren zu schmuggeln, führen Finanzstrafen in der Regel zum Gegenteil: Sie schrecken ab und kühlen ganze Wirtschaften herunter.[4] Selbst zielgerichtete Finanzsanktionen gegen einzelne Firmen können so der gesamten Wirtschaft im Zielstaat empfindlich schaden. Oft wirken die Finanzwaffen nicht wie ein Skalpell, sondern wie eine Sense.

Die Effekte zeigen sich in den Daten: Finanzsanktionen treiben die Einkommensungleichheit in den Zielstaaten stärker in die Höhe als Handelsbeschränkungen.[5] Dies deutet darauf hin, dass selbst gezielte Finanzsanktionen oft härtere Folgen für die Bevölkerung haben als gedacht. Gleichzeitig erzwingen auch sie oft nicht den geforderten Kurswechsel, viele sanktionierte Regierungen bleiben stur. Sowohl NGOs als auch Forschende verlangen deswegen, dass die USA und Europa ihre Finanzsanktionen sparsamer einsetzen.[6]

Die unterschiedlichen Finanzbeschränkungen sind zu einem äußerst komplexen Geflecht von Verboten gewachsen und schaffen einen enormen Aufwand. Umsetzen müssen sie die Kreditinstitute, die zwar nicht direkt betroffen sind, aber ihre Geldströme genau zu überwachen haben. Das US-Finanzministerium und seine europäischen Gegenparts aktualisieren ihre computerlesbaren Sanktionslisten umgehend nach jedem neuen Eintrag, da Banken, Versicherungen und andere Finanzinstitute sie sofort beachten müssen. Dies bedeutet einen gewaltigen Aufwand. Die Compliance-Abteilungen internationaler Finanzkonzerne wie der Deutschen Bank, der Commerzbank oder der schweizerischen UBS sind enorm gewachsen, Anwaltskanzleien bieten teure Seminare über die Interpretation westlicher Finanzsanktionen sowie deren Ausnahmen an und Veranstalter bewerben internationale Konferenzen in London, Frankfurt oder New York, um das Geflecht der Finanzbeschränkungen auszuleuchten.

10 Gegen Verantwortliche: Putin, Prigoschin, Kim Jong-un

Autokraten lieben Luxus. Vordergründig aber haben sie natürlich das Wohl ihrer Bevölkerung im Sinn. Der Dokumentarfilm „Putins Palast: Die Geschichte des größten Korruptionsfalls der Welt“ ist deswegen so entlarvend für Russlands Präsident Wladimir Putin.[1] Die Kameradrohne gleitet bei strahlendem Wetter über ein riesiges Anwesen an der Schwarzmeerküste. Von oben sieht der Komplex aus wie Schloss Versailles, im 17. Jahrhundert Herrschersitz von Ludwig XIV., dem selbst ernannten Sonnenkönig. Angeblich ist die weitläufige Gartenanlage des neu gebauten Prunkpalasts 39-mal größer als das Fürstentum Monaco.

Der mittlerweile inhaftierte Oppositionsführer Alexei Nawalny präsentiert in dem aufwendigen Dokumentarfilm von 2021 umfassende Indizien dafür, dass der wahre Eigentümer der gigantischen Anlage niemand anderes als Russlands Präsident ist. Der Film nennt selbst die Kosten der in Italien speziell für den Palast angefertigten feinsten Sessel, Sofas und Kommoden. Die Mittel für den Prunkbau stammten demnach aus einem ausgreifenden Korruptionsnetzwerk, das Steuergelder auf die Konten der politischen Elite und des Präsidenten umleitet. In ihrem Bestseller „Putins Netz“ hat die Journalistin Catherine Belton ebenfalls minutiös die Logik seines Herrschaftssystems, dessen Luxus und die Selbstbereicherung nachgezeichnet.[2]

Eine weitere Dokumentation – auch von Alexei Nawalny und seinen Unterstützern – zeigt ein Weingut in der Toskana, Jachten, Immobilien und andere Besitztümer, die Dimitri Medwedew zugerechnet werden. Der ehemalige russische Präsident (von 2008 bis 2012) ist heute stellvertretender Vorsitzender des russischen Sicherheitsrats und wirkt als Scharfmacher des Regimes. Klar ist: Selbst ein üppig versorgter ehemaliger Präsident kann sich diese Besitztümer nicht allein mit seinem offiziellen Gehalt und seiner Pension leisten.

Mit ihren personen-basierten Sanktionen setzen westliche Staaten genau an diesem Lebensstil an: Villen an der Côte d'Azur oder, wie beim Oligarchen Alischer Usmanov, am Tegernsee, Einkaufstrips nach Paris, New York und London, Sportwagen und Limousinen aus deutscher und italienischer Produktion, Champagner und feine Weine aus Frankreich. Das Einfrieren von Vermögen und Einreiseverbote sollen den Zugriff auf Besitz und Statussymbole im Westen unmöglich machen. Damit prägen Individualsanktionen den internationalen Trend, Machthaber und ihre Eliten direkt für ihren Missbrauch zur Verantwortung zu ziehen. Diese „Individualisierung von Verantwortung", wenn Verantwortliche wesentliche völker- und menschenrechtliche Normen verletzen, verknüpft das Instrument der Sanktionen stärker mit dem internationalen Strafrecht.[3] So belegten westliche Regierungen Russlands Präsidenten nicht nur mit einem Einreiseverbot und Kontensperrungen. Im März 2023 erließ der Internationale Strafgerichtshof außerdem einen Haftbefehl gegen Putin und die „Beauftragte des Präsidenten der Russischen Föderation für Kinderrechte", Marija Lwowa-Belowa, wegen der völkerrechtswidrigen Verschleppung von Tausenden meist kleinen Kindern aus den besetzten ukrainischen Gebieten nach Russland.

Gezielte Sanktionen gegen einzelne Personen und Organisationen sind mittlerweile zum Standard der internationalen Sicherheitspolitik geworden, ihre Popularität ist ungebrochen: Die USA führen seit 1994 eine Liste der „Specially Designated Nationals and Blocked Persons" (SDN)-Liste, die im Laufe der Jahre enorm gewachsen ist und derzeit über 2100 engbedruckte Seiten mit gelisteten Personen, Organisationen wie Terrorgruppen und Firmen umfasst. Laut der Organisation C4ADS finden sich auf der SDN-Liste mittlerweile fast 57.000 Einträge. Selbst die EU, die vor 20 Jahren begann, eigenständige Sanktionen zu verhängen, führt in ihrer konsolidierten Liste individueller Finanzsanktionen mehr als 4500 sanktionierte Einzelpersonen und Organisationen.[4] Im ersten Jahr nach Russlands Einmarsch in die Ukraine haben die EU, Großbritannien und die USA jeweils etwa 1500 russische Staatsangehörige zusätzlich auf ihre Sanktionslisten gesetzt, diese also enorm ausgeweitet. Die gezielten Zwangsmittel richten sich unter anderem gegen Abgeordnete der Duma, hochrangige Kremloffizielle, zahlreiche Oligarchen und sogar gegen Moderatorinnen und Moderatoren der staatlichen Propagandasender.

Direkte Strafen gegen Machthaber wie Präsident Putin oder Außenminister Sergej Lawrow waren bislang allerdings eher selten. Sowohl Forschende als auch politische Entscheidungsträger halten aber Sanktionen, die auf die oberste Führungsschicht abzielen, für am geeignetsten, um einen Kurswechsel zu erzwingen und deutliche Signale über zentrale Normen der internationalen Politik zu senden.[5] Gleichzeitig verschonen sie die breite Bevölkerung, die die autoritäre Politik oft gar nicht beeinflussen kann. Erst in jüngster Zeit setzen westliche Staaten zunehmend Machthaber auf ihre „schwarzen Listen“. Derzeit hat der Westen die Vermögenswerte von Russlands Putin, Belarus’ Lukaschenko, Nordkoreas Kim Jong-un, Venezuelas Maduro und Syriens Assad eingefroren, verbietet jede Geschäftsbeziehung mit ihnen und hat Einreiseverbote gegen sie verhängt.

Die Listungen folgen unterschiedlichen Logiken, weil Personen verschiedene Funktionen für ein sanktioniertes

Regime ausüben.[6] Erstens gibt es Herrscher und die Führungselite wie eben den russischen Präsidenten Putin, die für Verletzungen des Völkerrechts und Machtmissbrauch verantwortlich sind. Zweitens leisten Verwaltungsbeamte, Geheimdienstler, Soldaten und andere Angestellte des Staatsapparats unverzichtbare Arbeit für die Ausführung der Politik. Häufig geht es bei Listungen dieser Helferinnen und Helfer nicht so sehr um die Person selbst, sondern um ihre Funktion als Teil einer Organisation. In diesen Fällen sprechen Dokumente des US-Kongresses zum Beispiel davon, „Mitglieder der Regierungspartei und der Junta Myanmars" oder der Revolutionsgarden in Iran mit Sanktionen zu belegen. In Europa diskutieren Politikerinnen und Politiker demgemäß seit Langem, ob die Organisation der iranischen Revolutionsgarden als Kernstütze des Mullah-Regimes auf der EU-Terrorliste stehen soll. Drittens werden häufig Familienangehörige, Parteimitglieder und andere Unterstützerinnen und Unterstützer mit Strafen belegt. Und schließlich „Händler", also jene, die international Güter und Gelder für das Regime organisieren.

In der Vergangenheit haben westliche Staaten besonders die drei letzten Gruppen ins Visier genommen, während Machthaber oft außen vor blieben. Bei kleineren Fischen sind die politischen Kosten niedriger. Die Überlegung war offensichtlich: Wie sollen wir mit Herrschern im Gespräch bleiben, deren Konten wir gesperrt haben und denen wir verbieten, bei uns einzureisen? Die direkten Zwangsmittel gegen Simbabwes 2019 gestorbenen Herrscher Robert Mugabe blieben die Ausnahme. Gerade das sendet aber ein wichtiges Zeichen an die Bevölkerung im Zielstaat und mögliche Nachahmer im Ausland, dass Machtmissbrauch nicht ungestraft bleibt.

Autoritäre Regime sind besonders undurchsichtig. Das macht es schwierig, festzustellen, wer tatsächlich die Strippen zieht. Die Sanktionsmächte brauchen deshalb genaue Informationen über die Vorgänge im Zielstaat und wer wirklich zählt, um die entscheidenden Personen, Organisationen und Firmen treffen zu können. So gilt der Cellist und Geschäftsmann Sergej Roldugin als einer der einflussreichsten Weggefährten von Präsident Putin.[7] In der eingeführten Unterscheidung kann er als „Unterstützer" gelten. Der Patenonkel von Putins ältester Tochter Maria tauchte 2016 in den sogenannten Panama Papers auf. Die Unterlagen zeigen, wie offshore enorme Geldbeträge in Briefkastenfirmen versteckt wurden. Sergej Roldugin wirkt angeblich als zentrale Figur beim Verschieben des geheimen Reichtums von Präsident Putin, vor allem über die mittlerweile sanktionierte Rossiya Bank. Experten bezeichnen ihn deshalb als Putins „Geldbörse". Im März 2023 verurteilte ein Züricher Gericht vier Angestellte der Schweizer Filiale der Gazprom-Bank, weil sie nicht geprüft hatten, woher Einzahlungen in Höhe von 30 Millionen Dollar auf Roldugins Konten stammten.[8]

In Extremfällen kann die Listung einer Einzelperson jedoch weitere, ungewollte Konsequenzen nach sich ziehen. Ein besonders drastisches Beispiel stellt Agathe Demarais vor:[9] 2017 verschärfte der US-Kongress seine seit der Krimannexion im Jahr 2014 bestehenden Strafmaßnahmen gegen Russland. Dafür gab es mehrere Gründe: Moskaus Verhalten in der ukrainischen Donbass-Region, die brutale Intervention in den Syrienkrieg, vor allem aber Russlands Einmischung in die amerikanische Präsidentschaftswahl im Jahr zuvor. Unter anderem setzten die OFAC-Beamtinnen und -Beamten nun den Geschäftsmann und Kremlvertrauten Oleg Deripaska auf die Sanktionsliste. Russlandkenner schätzten sein Vermögen auf über 8,5 Milliarden US-Dollar. Seine Firmen wurden ebenfalls mit Strafen belegt, auch das

Konglomerat Rusal, das zehn Prozent des globalen Aluminiumbedarfs produzierte.

Von einem Tag auf den anderen verlor Rusal den Zugang zum Dollar und durfte keine Geschäfte in den USA mehr abwickeln. Der international eng verwobene Aluminiumgigant war komplett vom Weltmarkt, von Zulieferungen und seinen Kunden abgeschnitten. Geschäftspartner stoppten sofort ihre Zusammenarbeit mit dem Konzern. Die Listung Rusals erwies sich schnell als Bumerang, die Aluminiumpreise schossen auf dem Weltmarkt um 30 Prozent in die Höhe. OFAC gab schnell nach und stellte eine Generallizenz aus, die den weiteren Handel mit Rusal erlaubte. Außerdem verhandelte das Finanzministerium mit Deripaska. Er sollte die Kontrolle über seine Firmenholding und Rusal abgeben. Der russische Multimilliardär stimmte schließlich zu, seinen Anteil an der Holding auf weniger als die Hälfte und am Aluminiumproduzenten Rusal auf unter 25 Prozent herunterzufahren. Die USA hoben ihre Strafmaßnahmen gegen Rusal daraufhin im Januar 2019 auf, die Individualsanktionen gegen Deripaska blieben aber in Kraft.

Der Fall weist auf die Gefahr hin, dass sanktionierte Geschäftsleute ihre Unternehmensanteile flugs an Freunde und Familienmitglieder überschreiben, um sie dem Griff der westlichen Sanktionen zu entziehen. Nach Russlands Einmarsch in die Ukraine verschob der russische Milliardär und langjährige TUI-Hauptaktionär Alexei Mordaschow Ende Februar 2022 umgehend den Großteil seiner Stimmrechte an seine Ehefrau Marina. Selbst das Management des Reisekonzerns in Hannover wusste nichts davon. Offenbar kam Mordaschow damit punktgenau persönlichen Sanktionen zuvor. Genau an jenem Tag, dem 28. Februar 2022, an dem er seiner Frau die Aktien-Stimmrechte überschrieb, setzte die EU

Mordaschow auf ihre Russland-Sanktionsliste, fror sein Vermögen ein und verbot ihm, nach Europa einzureisen.[10]

Individuelle Sanktionen – die Sperrung von Konten und Einreiseverbote – allein erzwingen keine Verhaltensänderung.[11] Sie führen nicht zum Umsteuern, erfüllen aber trotzdem wichtige Funktionen. Erstens beschränken sie den Handlungsspielraum des Sanktionierten, seien es Minister, Menschenrechtsverletzer oder Waffenhändler. Die individuellen Beschränkungen wirken vor allem im Kampf gegen grenzüberschreitend aktive Terrorgruppen und deren Geldgeber. Viele der Verantwortlichen und Helfer, die mit Reiseverboten belegt werden, waren jedoch noch nie im Ausland. Sie reisen nicht und haben keine Verbindungen in andere Staaten. Eine frühere Studie zeigte sogar, dass ein Anwalt, der seit 2001 auf der UN-Sanktionsliste für Liberia stand, zunächst gar nicht wusste, dass er gelistet war.[12]

Ebenso besitzen zahlreiche Sanktionierte weder Immobilien noch führen sie Konten in den Vereinigten Staaten, Frankreich oder Deutschland oder erhalten Überweisungen aus dem Westen. Sie spüren die Strafen nicht selbst, die Maßnahmen sind in diesen Fällen rein symbolischer Natur. Diese zweite Funktion der Sanktionen als kommunikativer Akt sollten wir jedoch nicht unterschätzen: Die Opposition im Zielstaat kann die gegen Machthaber und Helfer gerichteten Strafen als Unterstützung für die eigene Sache verstehen. Sie merkt, dass Menschenrechtsverletzungen, Kriegsverbrechen oder der Einsatz von Chemiewaffen vom Ausland gesehen und geahndet werden.

Drittens führen Reiseverbote und das Einfrieren von Vermögen zu lästigen Unannehmlichkeiten für die getroffenen Eliten. Sie profitieren von Repression, Korruption und Machtmissbrauch zu Hause und dem Luxus im Ausland. Ein banales Beispiel: Auch der syrische Diktator Baschar al-Assad, der Chemiewaffen gegen die eigene Bevölkerung einsetzte, mag westliche Popmusik. Er nutzte die iTunes-Musikbibliothek des amerikanischen Computerriesen Apple, um seine Lieblingssongs zu kaufen und zu hören. Nachdem die USA Assad und andere syrische Regierungsoffizielle 2011 auf ihre Sanktionsliste gesetzt hatten, war amerikanischen Unternehmen jegliche Geschäftsbeziehung, jegliche Transaktion mit Assad verboten. Seine Kreditkarten wurden umgehend gesperrt. Der Diktator verlor auch den direkten Zugriff auf sein iTunes-Konto, er registrierte sich deswegen unter anderem Namen und mit einer New Yorker Adresse. Doch das flog auf.[13]

Ein anderer Fall: Seit Langem verbieten UN-Sanktionen den Export von Luxusgütern nach Nordkorea. Der nordkoreanische Diktator Kim Jong-un schätzt jedoch westliche Luxuslimousinen. Zu einem Treffen mit dem damaligen US-Außenminister Mike Pompeo erschien er 2019 in einem Mercedes-Maybach S 600 Pullman Guard. Der gepanzerte Wagen ist ungefähr 1,4 Millionen Euro teuer und fällt – natürlich – unter die Luxussanktionen gegen das Land.[14] Wo kam der Wagen her? Aufwendige Recherchen zeigten anhand von Satellitenbildern und Frachtdokumenten, dass zwei Exemplare des Luxusautos auf umständlichen Schmuggelpfaden vom Hafen Rotterdam aus in die Demokratische Volksrepublik gelangt waren.[15]

Zwar haben, wie der Fall zeigt, Sanktionsmauern oft genug Schlupflöcher, weil die politische Elite häufig Wege findet, die gegen sie verhängten Strafen zu umgehen und an Champagner, Luxuskarossen, westliche Markenkleidung, das neueste iPhone und modernste Flachbildschirme zu gelangen. Es wird jedoch schwieriger und teurer. Die Beschränkungen werden so für die Herrscher und ihre Helfer in stark sanktionierten Staaten wie Iran, Nordkorea, Russland, Venezuela, Myanmar und Belarus spürbar. In dem Sinn wirken die Strafmaßnahmen – sie bedeuten einen höheren Aufwand für die Getroffenen. Entscheidend ist dafür, dass die Sanktionsmächte ihre personen-basierten Zwangsmittel konsequent umsetzen.[16]

Viertens treffen zielgerichtete Maßnahmen fast immer nur Teile der herrschenden Elite, wie die Innen- und Verteidigungsminister und die für Gewalt und Unterdrückung der Bürgerinnen und Bürger verantwortlichen Polizei-, Geheimdienst- und Armeechefs. Diese selektive Logik kann die Machtbalance im Zielland verändern. Leider zeigt die Sanktionsforschung hier kein eindeutiges Bild. Einerseits werden gerade in hochpersonalisierten Regimen, in denen alles auf den Mann (oder die Frau) an der Spitze zuläuft, diejenigen argwöhnisch beäugt, die nicht mit Sanktionen belegt sind. Warum keine Strafen gegen sie – stecken sie mit dem Feind unter einer Decke? Ein ehemaliger Transportminister in Liberia, der zu Beginn der 2000er-Jahre von den Vereinten Nationen gelistet worden war, berichtete von entsprechenden Vorwürfen im Kabinett von Liberias damaligem Präsidenten Charles Taylor.[17] Zutiefst überzeugte Regimeloyalisten schmücken sich mit den Zwangsmitteln des Westens oder der Weltgemeinschaft wie mit einer Ehrennadel. Die Sanktionen haben damit keine spaltende Wirkung.

Andererseits kann der selektive Druck einen Keil in die Regierungselite treiben. Vor allem „Softliner", die keine Gewalt gegen Andersdenkende ausüben wollen, können sich abwenden und einen Kurswechsel anstoßen. Nach dieser Logik ermutigen die gezielten Sanktionen gegen „Hardliner" nicht nur Oppositionsgruppen, sondern auch gemäßigte Teile der Herrschaftselite. Die Theorie ist eingängig. Allerdings ist in sanktionierten Regimen der Druck zusammenzustehen enorm. In Ländern wie Russland, Iran und Myanmar mit ihrem hochgerüsteten Sicherheitsapparat müssen Abweichler nicht nur um ihren Posten, sondern um ihr Leben fürchten. Wie zum Ende der Apartheid in Südafrika können Reiseverbote und Kontensperrungen einzelner Mitglieder der Elite demnach unter bestimmten Bedingungen vorhandene Spaltungen verstärken, die Entwicklung anschieben können sie nicht.

11 Keine wehrlosen Opfer: Schmuggel, Schlupflöcher und Gegensanktionen

Die Ziele von Sanktionen – seien es Staaten, Regierungen, Firmen, Geschäftsleute oder politisch Verantwortliche – lassen westliche Strafmaßnahmen nicht einfach über sich ergehen. Sie haben Pfeile im Köcher, mit denen sie zurückfeuern können. Ärmere Staaten in Afrika und dem Nahen Osten, die mehr als die Hälfte aller Sanktionsziele ausmachen, setzen auf die Unterstützung von Partnern wie China, die Vereinigten Arabischen Emirate, Iran, die Türkei und ihrer direkten Nachbarn, um dem Griff der Sanktionen zu entgehen. Großmächte kontern die Zwangsmittel direkt und bedienen sich dabei unterschiedlicher Strategien: Sie prangern lautstark die Zwangsmittel des Westens an und versuchen, sie zu delegitimieren, fliehen vor der Dominanz des Dollars, nutzen Risse im Sanktionsnetz oder drehen wie Russland und China selbst an der Sanktionsschraube.

Es gehört zu den Routinestrategien sanktionierter Regime, die Zwangsmittel des Westens als Ausdruck des „Imperialismus“ abzukanzeln. In seiner einfachen Form meint der Begriff, dass eine Regierung versucht, andere Staaten wirtschaftlich, politisch und sogar kulturell zu dominieren oder sie völlig abhängig zu machen. Der Vorwurf knüpft an die Kolonialzeit an, in der imperiale Mächte wie Spanien, Großbritannien, Frankreich und Deutschland andere Gebiete eroberten und die dortige Bevölkerung unterdrückten, vertrieben und ermordeten. Ein weiterer Bezugspunkt ist die dominierende Position der USA auf der Weltbühne, an der sich viele Regierungen gründlich stören. Nach dieser Lesart dienen Sanktionen vor allem den Machtinteressen des Westens, verkleidet im Mantel moralischer Überlegenheit.

Mit dieser Delegitimierung zielen die Regierungen von Kuba, Iran, Russland, Venezuela oder Simbabwe sowohl nach innen, also auf ihre Bevölkerung, als auch nach außen. Einerseits dienen sie als willkommene Ausrede für die eigene Misswirtschaft. Im Cocktail aus staatlicher Gewalt, Zensur und Propaganda dienen Sanktionen als Beweis, dass es der Westen auf die Heimat abgesehen hat. Außerdem erleichtern sie es Diktatoren, die Opposition im Land noch effektiver als Marionette des Westens zu verunglimpfen. Seit seiner Wahl im Jahr 1994 dominiert Alexander Lukaschenko das politische Feld in Belarus, gern lässt er sich „Bat'ka" (Vater) nennen und überhöht sich als Bewahrer traditioneller Werte und der belarussischen Nation.[1] Er versucht, die Sanktionen gegen ihn und seine Regierung als Angriff auf das ganze Volk darzustellen. Lange war er damit erfolgreich. Jedoch zeigen die Massenproteste und die erhebliche Gewalt staatlicher Sicherheitskräfte nach der gefälschten Präsidentschaftswahl im August 2020, dass viele Belarussinnen und Belarussen Lukaschenko nicht mehr folgen. Sein Sanktionsdiskurs verfängt nicht mehr.

Andererseits bieten westliche Staaten auch Angriffsfläche, weil sie häufig nicht konsequent agieren und sich durchaus über die eigenen Werte hinwegsetzen. Washington und seine Partner verwenden oft zu wenig Mühe darauf, ihre Zwangsmittel genau zu begründen und zu erklären, gegen wen sie sich richten, um dem Vorwurf der einseitigen Machtpolitik zu begegnen. Im Fall von Belarus müsste man zudem über das Design der EU-Maßnahmen sprechen. So wurden offensichtlich auch Bankkonten von unbescholtenen Belarussinnen und Belarussen sowie kleineren und mittleren Unternehmen, die mit Lukaschenkos Regime nicht verbunden sind, in der EU geschlossen. Die Maßnahmen haben damit eine größere Breitenwirkung und schwächen ungewollt die

Verbindungen von vielen Belarussinnen und Belarussen nach Europa.

Außerdem habe ich bereits gezeigt, dass westliche Regierungen genau auswählen, welche Staaten, Regierungen, Unternehmen und Personen sie mit wirtschaftlichem Druck belegen, um die eigenen Kosten möglichst niedrig zu halten. Das ölreiche Saudi-Arabien, bislang ein enger politischer und militärischer Partner im Nahen Osten, muss die westlichen Sanktionen weniger fürchten als Belarus, Simbabwe und Myanmar, die aus Sicht von Washington, Paris und Berlin wirtschaftlich und politisch weniger zu bieten haben. Es leuchtet auch nicht ein, warum die USA seit 1960 ihre offensichtlich wirkungslosen und schädlichen Strafen gegen Kuba aufrechterhalten. Selbst Präsident Obamas Tauwetter lockerte die Beschränkungen gegen den Inselstaat nur. Viele Regierungen, gerade im globalen Süden, spannen den Bogen noch weiter: Die USA marschierten 2003 ohne UN-Mandat mit einer „Koalition der Willigen“ in den Irak ein, um Diktator Saddam Hussein zu stürzen. Aus dem Gefängnis in Abu Ghraib im Irak und dem Guantánamo-Straflager wurden massive Folterungen bekannt.

Die Kritik an den westlichen Zwangsmaßnahmen fällt gerade in Ländern des globalen Südens auf fruchtbaren Boden, zum Beispiel jenen, die aus Kolonien hervorgingen und wie Algerien durch blutige Kriege ihre Unabhängigkeit erlangten. Gerade dort sitzt die Empörung über die Ignoranz des Westens oft besonders tief.[2] So haben die Mitgliedsstaaten der Afrikanischen Union wiederholt das Ende der US- und EU-Sanktionen gegen Simbabwe gefordert. Mehrmals verlangte die Mehrheit der UN-Vollversammlung ein Ende von unilateralen Sanktionen, also jener Maßnahmen, die nicht von der Weltgemeinschaft, sondern hauptsächlich von Washington und Brüssel verhängt werden.[3] Sanktionierten Regimen fällt es dagegen deutlich schwerer, Strafen der Vereinten Nationen und von Regionalorganisationen als ungerechte Einflussnahme von außen zu brandmarken. Schließlich erklären alle Staaten oder zumindest die Nachbarn das Sanktionsziel zum Außenseiter.

Flucht aus dem Dollar

Die Macht der amerikanischen Finanzsanktionen fußt auf der Dominanz des Dollars als weltweite Leitwährung, sie macht Amerikas Strafen besonders schmerzhaft. Die US-Währung wird für annähernd 90 Prozent der weltweiten Devisengeschäfte genutzt, Staaten müssen ungefähr die Hälfte ihrer Auslandsschulden in Dollar begleichen.[4] Für Unternehmen, Banken und Staaten bietet der „Greenback" immense Vorteile – der globale Standard erleichtert das Überweisen, Abrechnen, Bezahlen und Leihen von Geld über Ländergrenzen hinweg ungemein. Kurz gesagt: Der Dollar macht grenzüberschreitende Geschäfte und Finanzströme, den zentralen Treibstoff der Globalisierung, effektiver. Die Marktmacht des Dollar hat dazu noch einen selbstverstärkenden Effekt, Ökonominnen und Ökonomen sprechen von Netzwerkeffekten.[5]

Trotz dieser Vorteile hat die Weltwährung ein wenig von ihrem Glanz verloren. Das liegt auch an Sanktionen. Von Bill Clinton, George W. Bush, Barack Obama, Donald Trump bis Joe Biden nutzen die US-Präsidenten seit der Jahrtausendwende die eigene Währung immer stärker als Waffe. Durch das sogenannte Clearing erhalten US-Behörden einen einmaligen Zugang zu globalen Transaktionsdaten: Täglich werden Millionen von internationalen Überweisungen im Wert von Billionen von Dollar getätigt. Die meisten der beteiligten Geldinstitute unterhalten Konten bei der Federal Reserve, der

Zentralbank der Vereinigten Staaten. Dies ermöglicht der Federal Reserve, dem US-Finanzministerium und Strafverfolgungsbehörden, die globalen Geldströme zu kontrollieren. Staaten, die den Dollar nutzen, setzen sich dem direkten Risiko aus, mit Finanzsanktionen belegt zu werden. Die USA haben dadurch Iran, Venezuela, Afghanistan und Russland den Zugang zum internationalen Finanzsystem und die Möglichkeit, Geschäfte auf dem Weltmarkt abzuwickeln, enorm erschwert und teilweise sogar völlig unmöglich gemacht.

Diese Politisierung der amerikanischen Währung hat die „Greenback"-Gegner auf den Plan gerufen. Der Kreml rechnete nach dem Einmarsch in die Ukraine sicher mit westlichen Strafmaßnahmen. Bereits auf die Annexion der Krim 2014 antworteten London, Paris und Berlin, vor allem aber Washington, mit Finanzstrafen gegen Russland. In den Jahren vor dem vollständigen Überfall auf die Ukraine im Februar 2022 stärkte Moskau deswegen seinen Finanzpanzer: Seit 2018 reduzierte die russische Zentralbank ihre Dollarreserven drastisch und stieg in den Euro ein. Sie legte 20 Prozent des staatlichen Vermögens in Gold an und weitere zehn Prozent in der chinesischen Währung Renminbi.[6] Russland hat außerdem ein heimisches Zahlungssystem aufgebaut, um sich unabhängig von den amerikanischen Platzhirschen Visa und Mastercard zu machen. Beide Kreditkartenriesen mussten für Zahlungen innerhalb Russlands auf eine russische Plattform umsatteln.[7] Im Jahr 2015 startete das Kreditkartensystem Mir. Schließlich verzichtet Moskau beim Handel mit befreundeten Staaten zunehmend auf den Dollar als Zahlungsmittel. So begleichen Russland und Iran mittlerweile die Geschäfte miteinander hauptsächlich in ihren Landeswährungen Rubel und Rial.[8]

Trotz aller Vorbereitungen trafen die umfassenden Finanzsanktionen des Westens Russland aber hart, auch der

Euro wurde zur Falle. Die westlichen Zentralbanken setzten nach dem Einmarsch in die Ukraine umgehend Russlands Auslandsreserven im Wert von 300 Milliarden Dollar fest. Dies macht ungefähr die Hälfte aller Devisenreserven der Großmacht aus. Der Schock in Moskau war groß und zeigt die Macht westlicher Finanzsanktionen.

Insgesamt droht das globale Finanzsystem zu zerfasern. Zunächst ist dies eine bekannte Entwicklung. Die Bedeutung einer Währung geht oft Hand in Hand mit dem Großmachtstatus eines Landes. Warum sollten China oder Indien ihre Handelsgeschäfte nur in amerikanischen Dollar und nicht in Renminbi oder Rupie abrechnen? Dass die US-Regierung ihre Währung als Sanktionsinstrument einsetzt, tut ihr Übriges. Damit steigt das politische Risiko der Leitwährung beträchtlich. Während kleinere Staaten wie Simbabwe oder Myanmar dem Dollar nicht entgehen können, treiben die Finanzsanktionen Großmächte wie Russland und China aus der Weltwährung.[9] Für sie schmilzt der Anreiz, ihre Auslandsreserven in der amerikanischen Währung zu halten und das von der Weltmacht dominierte Bankensystem SWIFT zu nutzen. Längst hat China mit seinem CIPS-System eine alternative Plattform und mit dem digitalen Renminbi eine eigene digitale Währung aufgebaut. China und Russland rechnen den Handel mit ihren Partnern zunehmend in den eigenen Währungen ab.

Bislang dominiert der Dollar das weltweite Finanzwesen, seine Position ist bemerkenswert stabil. Für die absehbare Zukunft wird der Dollar den globalen Spitzenplatz behalten, jedoch wird seine relative Bedeutung sinken. Vor allem der chinesische Renminbi holt auf. Unklar ist jedoch, wie schnell und stark der Stern des Dollar sinkt, und damit auch das Gewicht der US-Finanzstrafen. Andere Großmächte, aber auch einige Firmen und Banken, werden zunehmend die Hände vom Dollar lassen und damit versuchen, sich dem Griff der westlichen Finanzsanktionen zu entziehen.

Risse im Sanktionsnetz

Coca-Cola ist ein amerikanischer Konzern. Das Unternehmen aus Atlanta hat die Produktion und den Verkauf seiner Limonade in Russland unmittelbar nach dem Angriff auf die Ukraine im Februar 2022 gestoppt.[10] Trotzdem ist die bekannteste Marke des Getränkeriesen noch immer problemlos in Moskau, St. Petersburg oder Jekaterinburg zu bekommen. Ein in Moskau lebender Brite berichtet davon im März 2023 auf Twitter und schickt auch gleich ein Foto dazu: Der kleine Laden bei ihm um die Ecke verkauft nun Cola-Büchsen, die laut Aufdruck aus drei verschiedenen Ländern stammen: aus Polen, Ungarn und der Türkei. Ein Supermarkt an der Maroseyka Straße im Herzen der russischen Hauptstadt führt Cola, die aus Iran und Kasachstan eingeführt wurde.[11] Da die direkten Handelsrouten unterbrochen sind und Coca-Cola seine Hauptmarke nicht mehr in Russland produziert, importieren Händler und Supermärkte die Limonade nun über Umwege aus verschiedenen Staaten. Fachleute sprechen in solchen Fällen bei sanktionierten Gütern von Parallelimporten (um es klarzustellen: Aus humanitären Gründen nimmt der Westen Lebensmittel von seinen Sanktionen aus, Getränke dürfen also noch immer direkt nach Russland geliefert werden. Das Cola-Beispiel steht damit nicht für eine direkte Verletzung von Sanktionen).

Der Fall steht für ein typisches Muster – mit jeder Zwangsmaßnahme liefern sich die Sanktionsmacht und das Sanktionsziel ein Katz-und-Maus-Spiel. Das Ziel versucht, die Strafmaßnahmen zu umgehen; die Sanktionsmacht, Schlupflöcher zu schließen. Getroffene Regime suchen außerdem nach politischen Unterstützern und neuen Handelspartnern, um den Druck von außen abzuschwächen. So erklärte der iranische Außenminister Mohammad Javad Zarif 2019 stolz, sein seit Jahrzehnten von den USA isoliertes Land habe „einen Doktortitel in der Umgehung von Sanktionen".[12] Das Ausmaß dieser Unterstützung durch „schwarze Ritter" hängt davon ab, wie stark vernetzt das Zielland in seiner Region und in der Welt ist. Die Forschung zum „Sanctions Busting"[13] zeigt, dass andere Staaten wie China und die direkten Nachbarn häufig schnell die Lücken füllen, die der Westen mit seinen Handelsunterbrechungen reißt.

Bei kleinen Sanktionskoalitionen ist die Umgehung simpel: Anbieter aus anderen Staaten liefern, was nun fehlt. So sind in Russland die Autoimporte aus China seit dem Beginn der harten westlichen Sanktionen Anfang 2022 sprunghaft gestiegen. Handelsdaten legen zudem nahe, dass die Umgehung auch über den NATO-Partner Türkei läuft, der mit der Europäischen Union über eine Zollunion verbunden ist und diesen Status offensichtlich nutzt. Dies macht die Sanktionen „stumpf".[14] Man muss deutlich sagen, das ist nicht illegal. Wenn es keine bindenden UN-Sanktionen gibt oder eine Regionalorganisation wie die Afrikanische Union Strafen gegen ein Mitglied verhängt hat, kann ein souveräner Staat frei entscheiden, mit wem er Handel treibt und diplomatische Beziehungen unterhält. Anders sieht es aus, wenn Güter und Gelder aus den Sanktionsmächten über Schleichwege nach Russland, Myanmar oder Venezuela gelangen. Das versuchen Washington, London und Brüssel zu verhindern.

Seit Russlands Einmarsch in die Ukraine belegen mindestens 45 Länder den größten Flächenstaat der Erde mit Zwangsmitteln. Sie stehen für mehr als die Hälfte der globalen Wirtschaftsleistung. Mit Südkorea und Singapur umfasst die Sanktionskoalition mehr als die „üblichen Verdächtigen". Trotz allem bleiben zahlreiche Staaten außen vor, schließlich haben die Vereinten Nationen 193 Mitgliedsstaaten und Schwergewichte wie China, Indien, Brasilien, Indonesien, Nigeria und Südafrika beteiligen sich bewusst nicht. Im Kreis der sogenannten BRICS-Staaten mit Brasilien, Indien, China und Südafrika ist Russland keineswegs isoliert, Präsident Putin nimmt weiter an den Gipfeln der losen Staatengruppe teil.[15] Genau aus diesem Grund ist Washington und Brüssel so daran gelegen, weitere Staaten ins Boot zu holen und die Sanktionskoalition gegen Russland auszubauen.

Sanktionsziele nutzen alle Tricks, um den Zwangsmitteln zu entgehen, so auch Russland. Wie Wasser sickern Handels- und Geldströme durch jedes Loch, das die Strafmaßnahmen lassen. Ein besonderes Problem stellen dabei die Parallelimporte dar: Während der direkte Handel mit der Großmacht zusammengebrochen ist, gingen die Ausfuhren Deutschlands in andere ehemalige Sowjetrepubliken sprunghaft nach oben. 2022 nahm der Handel mit Kirgistan um das Sechsfache zu. Im ersten Quartal 2023 stiegen die Exporte nach Kirgistan, Kasachstan, Armenien und Tadschikistan um mehr als das Doppelte, der Handel mit Georgien fast ebenfalls.[16] Diese außergewöhnlichen Steigerungsraten lassen sich nicht mit einem höheren Bedarf der Nachbarn Russlands selbst erklären, sondern weisen eindeutig auf das Umschiffen der europäischen Strafen hin. Armenien, Belarus und Kirgistan sind mit der Großmacht in der Eurasischen Wirtschaftsunion, einer Zollunion, verbunden. Die Güter aus der EU gelangen damit ungehindert nach Russland.

Die Türkei, Aserbaidschan oder Russlands zentralasiatische Nachbarn leiten offensichtlich nicht nur Coca-Cola-

Dosen, sondern auch Waren weiter, die eindeutig auf dem westlichen Index stehen, allen voran elektronische Bauteile wie Mikrochips und Halbleiter. Expertinnen und Experten schätzen, dass bereits Dual-Use-Technik aus Europa im Wert von über einer Milliarde Dollar im russischen „Geisterhandel" verschwunden ist und nie ihre vorgeblichen Ziele Kasachstan, Kirgistan oder Armenien erreicht hat.[17] Seit dem Beginn der Invasion hat der EU-Handel mit allen drei ehemaligen Sowjetrepubliken bei den heiklen Gütern, die strengen Exportbeschränkungen unterliegen, ungekannte Höhen erreicht.

Stark nachgefragt waren auch Autos, Autoteile, Maschinen und chemische Produkte – genau jene Güter, bei denen der große Nachbar durch die westlichen Sanktionen einen erheblichen Mangel spürt. Nach Eurostat-Zahlen gingen 2022 fast doppelt so viele Lastwagen aus der EU nach Kasachstan als noch im Vorjahr.[18] Auch Waschmaschinen und andere Haushaltsgeräte erleben eine auffällig hohe Nachfrage. Aus ihnen lassen sich einfach Chips, Transistoren und Widerstände ausbauen. Handelsdaten zeigen, dass von einigen Produkten wie Gasturbinen, Lötkolben oder Rundfunktechnik nichts im angegebenen Zielstaat ankommt.[19] Lange wurden Lieferungen durch Russland geschickt, die unterwegs „verloren" gingen. Diese Praxis hat die EU mit ihrem elften Sanktionspaket für viele Güter gestoppt.

Expertinnen und Experten streiten, wie groß das Ausmaß der Parallelimporte wirklich ist. Eine Studie kam im Mai 2023 zu dem Schluss, dass der Fluss von verbotenen Gütern aus Europa nach Russland und umgekehrt fast auf null gefallen ist. Andere Staaten konnten den Verlust nur zu einem Viertel ausgleichen. Jedoch scheinen die EU-Beschränkungen für kritische Technologien wie Mikrochips weniger erfolgreich zu sein und der Handel zunehmend über Drittstaaten zu laufen.[20]

Bei der Ausfuhr seines Hauptexportguts Erdöl setzt Russland nicht nur auf China und Indien, in die mittlerweile bereits 57 Prozent aller russischen Exporte gehen,[21] sondern offensichtlich auch auf eine Geisterflotte von Öltankern, die ihre Ortungsgeräte ausschalten und heimlich auf offener See beladen werden. Das Ausmaß ist unklar, es wäre jedoch eine wichtige Strategie, den von den wichtigsten Industriestaaten der G7 und damit auch der EU eingeführten Ölpreisdeckel von 60 US-Dollar pro Fass ins Leere laufen zu lassen.

Die Schlupflöcher lassen sich nur schwer schließen: Indien ist seit dem weitgehenden EU-Embargo zu einem der größten Abnehmer für russisches Rohöl geworden. Indische Raffinerien verdienen gut an dem Brennstoff, den russische Förderfirmen nur noch mit großen Preisabschlägen loswerden. Sie raffinieren das günstige Öl und erzielen mit dem weiterverarbeiteten Treibstoff Weltmarktpreise.[22] Es mehren sich die Anzeichen, dass aus russischem Öl hergestelltes Benzin und hergestellter Diesel von Indien den Weg nach Europa findet. Nach Berechnungen der EU-Kommission flossen dadurch in den ersten drei Monaten des Jahres 2023 bereits 400 Millionen Dollar in russische Kassen.[23] Allerdings muss sich der Blick auch auf die Käufer, zum Beispiel in Spanien, Frankreich oder den Niederlanden, richten. Schließlich nehmen sie das Benzin und den Diesel mit zweifelhaftem Ursprung ab. Den Ölschmuggel gäbe es ohne die skrupellosen Kunden nicht.

Der Westen hat außerdem große Probleme, seine Zwangsmittel gegen einzelne Personen durchzusetzen. Auch hier zeigt sich, dass Sanktionen nur so gut sind wie ihre Umsetzung. Eine vom US-Finanzministerium angeführte Arbeitsgruppe, die „Russian Elites, Proxies, and Oligarchs Task Force“ (REPO), beschreibt die Tricks der Oligarchen und anderer gelisteter Personen genau.[24] Ketten von Briefkastenfirmen, Offshore-

Unternehmen, Vermögensverwaltern und Anwaltskanzleien dienen dazu, die wahren Besitzverhältnisse zu verschleiern. So können Ermittlungsbehörden und Staatsanwaltschaften die tatsächlichen Eigentümer von Häusern, Jachten und Jets, aber auch von Firmen, oft kaum zuordnen und ihre internationalen Geldströme nur schwer unterbinden.

Die Ermittlungsarbeit gleicht dem Kampf gegen die Organisierte Kriminalität und ist bislang trotz sichergestelltem Eigentum in Milliardenhöhe nur mäßig erfolgreich. Die Jagd auf schmutziges Geld wirkt halbherzig. Immer wieder kommt auch innerhalb der Sanktionsmächte Kritik auf. Zwar erklärte die Schweizer Regierung im April 2023, russisches Vermögen im Wert von 7,5 Milliarden Schweizer Franken eingefroren zu haben. Die Vertreter der G7 – zu denen auch Deutschland gehört – monierten jedoch: „Unabhängige Quellen schätzen, dass das in der Schweiz liegende Vermögen deutlich größer ist."[25] Ein Kommentator kommt deshalb zum Schluss: „Die Jagd nach sanktionierten russischen Vermögen verläuft blamabel." Er spricht von einem „Versagen des Westens".[26]

Die ins Visier genommenen Reichen und Mächtigen können sich dabei auf eine ganze Industrie von Helfern im Westen verlassen, die ihr Vermögen verstecken und verschleiern. Die sogenannten Enabler („Ermöglicher") – hoch bezahlte Finanzberater, Vermögensverwalter, Anwaltskanzleien und Public Relations-Agenturen – geraten zunehmend in den Blick von Washington, London und Berlin. Im April 2023 verhängten die Regierungen der USA und Großbritanniens Strafmaßnahmen gegen „Finanzberater" aus Zypern, Usbekistan und Russland, die den sanktionierten Oligarchen Alischer Usmanov und Roman Abramowitsch, dem ehemaligen Eigentümer des Londoner Fußballklubs FC Chelsea, geholfen haben sollen, ihren Besitz in „komplexen Finanznetzwerken" zu verstecken.[27]

Ihre Agenturen haben weltweite Verbindungen, so auch nach Liechtenstein, in die Schweiz und die Vereinigten Arabischen Emirate.

Es ist klar: Ohne angemessene Durchsetzung sind Sanktionen nicht mehr als reine Ankündigungen. Schon lange geht die schlagkräftige OFAC-Behörde des amerikanischen Finanzministeriums aggressiv gegen diejenigen vor, die ihre Sanktionen umschiffen. Die OFAC-Beamtinnen und -Beamten in Washington greifen fast täglich zu „Erzwingungs-Mitteln". Am häufigsten taten sie dies bei Verstößen gegen Finanzsanktionen und die US-Maßnahmen gegen Kuba und Iran.[28] Es ist nur eine Frage der Zeit, bis die Russland-Strafen als weltweit größtes Sanktionsregime auch dabei den Spitzenplatz übernehmen. Die Europäer kämpften bisher nur halbherzig gegen die Umgehung ihrer Sanktionen. Erst seit den Russlandsanktionen im Jahr 2022 haben die EU-Mitglieder die Muskeln angespannt. Das siebte Sanktionspaket gegen Russland rückte die „Aufrechterhaltung und Anpassung", so der Name des Pakets, ins Zentrum. Bereits zwei Monate nach dem Überfall verbot die Union Zahlungen in Kryptowährungen, um Löcher in ihren Finanzsanktionen zu schließen.

Russlands Angriffskrieg brachte aber eine völlig neue Dynamik. Auch Strafen gegen Dritte sind für die Europäer kein Tabu mehr. Im Mai 2023 empfahl die EU-Kommission den Mitgliedsstaaten zum ersten Mal, Sekundärsanktionen gegen sieben chinesische Unternehmen zu verhängen.[29] Sie warf den Firmen vor, Material nach Russland zu liefern, das russische Produzenten für den Bau von Waffen nutzen. In seinem elften Sanktionspaket listete der Staatenbund schließlich drei Firmen aus China. Entsprechend heikel ist das Vorgehen, dem alle 27 EU-Mitglieder zustimmten. Deutschland, dessen größter Handelspartner seit Jahren die Volksrepublik ist, und andere EU-Staaten hatten sich um eine Entschärfung des Vorschlags bemüht, der in Peking nicht gut ankam.

Das elfte Sanktionspaket gegen Russland enthält ein ganzes Bündel von weiteren Maßnahmen, um Sanktionsbrüche einzudämmen: Lieferanten dürfen Hightech-Produkte und Flugzeug-Ersatzteile für Drittstaaten nicht mehr durch Russland transportieren. Außerdem will die Union die Ausfuhr von Gütern stoppen, die über Nachbarländer nach Russland weitergereicht werden. Exporteure sollen nachweisen, dass ihre Produkte nicht beim Aggressor landen und damit den russischen Angriff stützen.

Ausholen zum Gegenschlag

Auch Tomaten und Südfrüchte können als Sanktionswaffen dienen. Mit einem Bann auf Lebensmittel und andere Agrarprodukte antwortete die Russische Föderation auf die Sanktionen von Europäern, Amerikanern und ihren Partnern gegen das Land. Am 6. August 2014 unterschrieb Präsident Putin Dekret Nummer 560. Es verbietet bis heute die Einfuhr von Früchten, Gemüse, Fleisch, Fisch, Meeresfrüchten und Milchprodukten nach Russland. Das war keine Kleinigkeit: Im Jahr vor dem Bann importierte Russland ungefähr 40 Prozent aller Lebensmittel aus dem Ausland, der Wert der sanktionierten Waren betrug 6,2 Milliarden Euro. Über 80 Prozent davon stammten aus der EU.[30] Sei es Obst, Gemüse, Fleisch oder Getreide – insgesamt lieferte die Union 4,5 Prozent ihrer Agrarexporte nach Russland.

Am 27. Februar 2014 hatten bewaffnete Kämpfer Regierungsgebäude und den Flughafen auf der Halbinsel Krim am südlichen Zipfel der Ukraine besetzt. Die Soldaten in grünen

Uniformen ohne russische Hoheitsabzeichen wurden verharmlosend als „kleine grüne Männchen“, im Russischen als „höfliche Menschen“, bezeichnet. Ein in Windeseile organisiertes Fake-Referendum am 16. März 2014 sollte der gewalttätigen Aneignung der Krim mit der Hafenstadt Sewastopol, dem Hauptstützpunkt der russischen Schwarzmeerflotte, Legitimität verleihen. Die „Abstimmung“ war durch und durch eine Farce.[31]

Amerika und Europa reagierten umgehend. Noch im März 2014 verhängten alle EU-Mitglieder, die Vereinigten Staaten, Großbritannien, Japan und weitere Partner Strafmaßnahmen wegen der Annexion der Krim und Russlands Rolle im Donbass. Sie belegten Verantwortliche mit Einreiseverboten und froren ihr Vermögen ein. Die mit dem Kreml eng verbundene Bank Rossija setzten die westlichen Sanktionsmächte ebenfalls auf ihre Listen. Im Sommer 2014 verschärften sie ihre Maßnahmen weiter und sanktionierten die besetzte Krim und die Stadt Sewastopol – Geschäftsleute und Unternehmen aus der EU dürfen seitdem auf der Halbinsel keine Immobilien und Firmen kaufen oder sonstige Geschäfte abwickeln. Touristische Reisen sind seitdem ebenfalls verboten. Außerdem beschränkte der Westen schon damals Russlands Zugang zum internationalen Finanzmarkt und die Möglichkeit, Staatsanleihen zu platzieren. Schließlich verbot er die Ausfuhr von Spezialtechnik zur Erdölförderung (aber nicht der Gasförderung!). Die unilateralen Zwangsmittel der USA gingen noch weit darüber hinaus.

Im August 2014 ging Russland zum Gegenangriff über und schlug mit seinem Embargo für Lebensmittel und landwirtschaftliche Güter zurück.[32] Die Einfuhrverbote für Tomaten, Südfrüchte, Milch und Käse trafen einige EU-Mitglieder besonders hart – vor allem die weniger wohlhabenden Staaten im Süden Europas wie Portugal, Spanien, Italien, Griechenland, Bulgarien und Rumänien. Moskau verfolgte damit eine in der Forschung bekannte Strategie. Mit „differenzierter Vergeltung“[33] versuchte der Kreml, die Koalition der Sanktionierenden zu spalten. Das Kalkül: Jene, die die höchsten wirtschaftlichen Schmerzen zu tragen haben, wenden sich gegen die EU-Zwangsmittel, um wieder exportieren zu können und die eigene Landwirtschaft zu stärken.

Die russische Strategie schlug allerdings fehl. Zwar diskutierten die EU-Mitglieder wie üblich intensiv über Maßnahmen, behielten sie aber bis zu Russlands vollständigem Angriff auf die Ukraine am 24. Februar 2022 in Kraft. Danach kamen weitere Zwangsmittel in bisher ungekanntem Ausmaß. Außerdem konnten die europäischen Produzenten ihre Exporte in andere Märkte umleiten und damit den Verlust durch das russische Landwirtschaftsembargo schnell ausgleichen.[34] Sicher kann man darüber streiten, ob russischer Camembert genauso gut schmeckt wie sein französisches Pendant. Jedoch erfüllten die Agrarsanktionen einen weiteren Zweck: Präsident Putin verwirklichte seinen Plan, Russland unabhängiger von ausländischem Gemüse und Getreide zu machen, Importe durch heimische Produkte zu ersetzen. Mit der Abschottung stärkte er die eigenen Bauern. Auf diesem Feld war der Kreml erfolgreicher als bei der Spaltung Europas durch seine Gegensanktionen.

Auch führt der Kreml eine eigene Sanktionsliste, um auf westlichen Druck zu antworten. Mittlerweile finden sich darauf Politikerinnen und Politiker sowie weitere Persönlichkeiten aus dem Westen, die sich wie Nancy Pelosi, die ehemalige Sprecherin des amerikanischen Senats, lautstark gegen Russlands Angriffskrieg ausgesprochen haben. Die Abgeordnete des US-Repräsentantenhauses Nicole Malliotakis aus

New York erklärte, sie empfinde ihre Sanktionierung – als eine von 398 US-Abgeordneten – als „Auszeichnung" („Badge of Honor").[35]

Die gegenseitigen Sanktionen setzten nicht, wie manche befürchtet hatten, eine Eskalationsspirale in Gang, bei der die eine Seite mit noch härterem Druck auf die Vergeltung des Gegenübers antwortet. Der Fall Russland zeigt aber, dass Großmächte zurückschlagen und schmerzhafte Gegenschläge ausführen können. Das Sanktionsziel muss in einer strategisch günstigen Position sein, um die Kosten für die Sanktionsmächte in die Höhe treiben zu können. Bei Russland ist das der Fall. So reagierte der Kreml auf Europas harte Zwangsmittel im September 2022 mit dem nahezu vollständigen Stopp seiner Gaslieferungen in die EU. Anderen Zielen, vor allem jenen, die von Entwicklungshilfe abhängig sind, die nicht über Bodenschätze verfügen oder geostrategisch bedeutsam sind, ist dieser Weg versperrt. Sie versuchen, den Schaden der Sanktionen durch „schwarze Ritter", also alternative Handelspartner und politische Unterstützer, Schmuggel und Umwege zu dämpfen.

12 Die heimliche Sanktionsmacht China

Am 8. Oktober 2010 gibt das Nobelpreis-Komitee in Norwegens Hauptstadt Oslo bekannt, dass es den Friedensnobelpreis in diesem Jahr an den chinesischen Schriftsteller und Regimekritiker Liu Xiaobo verleiht. Liu Xiaobo war zehn Monate zuvor wegen seiner Kritik an der Kommunistischen Partei und Menschenrechtsverletzungen in China zu elf Jahren Haft verurteilt worden und kann den Preis nicht selbst entgegennehmen. Die Regierung der Volksrepublik ist außer sich. Beim verbalen Protest bleibt es nicht, China verhängt Sanktionen auf die Einfuhr von Norwegens wichtigem Exportgut Fisch und fährt die diplomatischen Kontakte mit dem Land im Norden Europas herunter. Studien belegen, dass die Zwangsmaßnahmen Norwegen in den zwei Jahren nach der Preisverleihung mindestens 125 Millionen US-Dollar beim Export von Fisch und bis zu 1,3 Milliarden Dollar insgesamt gekostet haben.[1]

Der Fall zeigt, dass, anders als oft behauptet, unilaterale Sanktionen – ohne Mandat des Weltsicherheitsrats – keine Domäne des Westens sind. Ohne Zweifel nutzen die USA und mit einigem Abstand die Europäische Union dieses Machtmittel der internationalen Politik am häufigsten. Andere holen jedoch auf. Mächte wie Russland, die Türkei, Indien und zunehmend China setzen ebenfalls Daumenschrauben an, um ihre außenpolitischen Ziele zu erzwingen. Der Sanktionsforscher Tom Biersteker stellt nüchtern fest: „Sie mögen sich zwar generell gegen Sanktionen aussprechen, aber praktisch jeder nutzt sie."[2]

Man kann es als Grundregel der internationalen Politik formulieren: Wer mächtig ist, lässt die Muskeln spielen. Russland und China verurteilen bis heute offiziell den Gebrauch von unilateralen Sanktionen. Tatsächlich agierte die Volksrepublik lange Zeit sehr zurückhaltend, versteckte ihre Zwangsmittel oder wendete sie nur als „Antwort“ auf westliche Sanktionen an. Vor den 1990er-Jahren belegte China nur zwei Staaten offiziell mit Strafmaßnahmen – Vietnam und Albanien, „als Vergeltung für ‚anti-chinesische Rhetorik‘“.[3]

Der sogenannte Dalai-Lama-Effekt steht für Chinas versteckte Strafen. In einer innovativen Analyse mit dem doppeldeutigen Titel „Paying a Visit“, dem englischen Ausdruck für „einen Besuch abstatten“ (wörtlich: „einen Besuch bezahlen“), untersuchten die Ökonomen Andreas Fuchs und Nils-Hendrik Klann, wie sich der Besuch des Dalai Lama auf den internationalen Handel eines Landes mit China auswirkt, das heißt, ob China das Land im Anschluss mit Sanktionen belegt.[4] Der Dalai Lama ist das geistige buddhistische Oberhaupt Tibets, einer autonomen Region, die heute zu China gehört. Er lebt in Indien im Exil und bereist seit Langem die Welt, um buddhistische Gemeinden zu besuchen und sich für die Rechte der Tibeterinnen und Tibeter einzusetzen. Der Dalai Lama hat damit ein beträchtliches politisches Gewicht. 1989 erhielt er wie Liu Xiaobo 21 Jahre später den Friedensnobelpreis. Chinas Regierung betrachtet die Situation in der Hochregion am Himalaja als innere Angelegenheit und verbittet sich jede „Einmischung“. Sie will verhindern, dass andere Regierungen den Dalai Lama offiziell als Vertreter der Tibeterinnen und Tibeter empfangen.

Die 2013 erschienene Studie analysierte 159 Staaten und zeigte, dass China Besuche des Dalai Lama bei hochrangigen Regierungsmitgliedern im Ausland umgehend mit höheren Hürden für Exporte in die Volksrepublik bestrafte. Im Jahr nach einem Dalai-Lama-Besuch sanken die Ausfuhren durchschnittlich um fast 17 Prozent. Der Effekt geht vor allem auf die verminderten Exporte von Maschinen und anderen technischen Geräten zurück und verschwindet im nächsten Jahr wieder. Die Auswirkungen der Besuche sind methodisch wegen des sogenannten Endogenitätsproblems nicht einfach festzustellen, schließlich können gerade diejenigen Staaten, die den Dalai Lama empfangen, bereits zuvor schlechte Beziehungen zur Volksrepublik China gehabt haben. Der Besuch des Dalai Lama hätte den Handelsrückgang dann unter Umständen gar nicht ausgelöst. Die Studie weist diesen Zusammenhang jedoch überzeugend nach. Bei Chinas Vorgehen fällt auf, dass die Großmacht zwar regelmäßig gegen Besuche des Dalai Lama protestierte, ihre Strafen aber nicht offen ankündigte, sondern verdeckt anwandte.

Dies änderte sich mit dem spektakulären wirtschaftlichen Aufschwung Chinas und dem zunehmenden Großmachtstreben des Landes, vor allem seit Xi Jinping 2013 Präsident der Volksrepublik wurde. Zwischen 2010 und 2018 griff Peking zehnmal zu eigenen Sanktionen, während es dies davor kaum öffentlich tat.[5] China handelt zunehmend als energische Sanktionsmacht. Der ehemalige NATO-Generalsekretär Anders Fogh Rasmussen fragte rhetorisch: „Was haben litauisches Bier, australischer Wein und taiwanesische Ananas gemeinsam? Man hat Probleme, auch nur eines der Produkte in chinesischen Supermärkten zu bekommen."[6] Peking verbannte in den vergangenen Jahren Tausende von Produkten vom chinesischen Markt. Weiter oben habe ich bereits dargestellt, wie China das EU-Mitglied Litauen für die Eröffnung einer Taiwan-Repräsentanz in der Hauptstadt Vilnius bestraft. Als australische Politiker forderten, den Ausbruch der Coronapandemie im chinesischen Wuhan zu untersuchen, erhöhte die chinesische Regierung umgehend die Zölle für Wein aus Australien um mehr als das Doppelte. Die Verkäufe brachen von 870 Millionen im Jahr 2020 auf 8,3 Millionen US-Dollar zwei Jahre später ein.[7] Taiwan, die Insel vor dem chinesischen Festland, die die Volksrepublik als Teil des eigenen Staatsgebiets betrachtet, steht schon lange unter immensem Druck des großen Nachbarn.

China hat seine außenpolitische Rolle damit fundamental verändert. Nach der kommunistischen Revolution 1949 wurde das Land zunächst zum Ziel von US-Sanktionen. „Ausgelöst durch seine Intervention im Koreakrieg belegte Präsident Harry Truman das bevölkerungsreichste Land der Erde 1950 mit einem vollständigen Embargo, das erst die Nixon-Regierung 1972 wieder aufhob."[8] Als Reaktion auf das Tiananmen-Massaker 1989, bei dem das Militär im Zentrum Pekings die chinesische Demokratiebewegung niederschlug und zahlreiche Protestierende tötete, verhängten Amerikaner und Europäer Strafmaßnahmen. Ihr Waffenembargo ist bis heute in Kraft, sehr zum Ärger Pekings.

Ein weiterer Schritt folgte 2021. Die EU setzte vier chinesische Offizielle und eine Organisation auf ihre Sanktionsliste, um gegen Menschenrechtsverletzungen gegen die Volksgruppe der Uiguren in der Provinz Xinjiang zu protestieren. Die USA belegten noch mehr Verantwortliche mit Strafen. Die Volksrepublik verhängte ihrerseits Gegensanktionen, zum Beispiel gegen Abgeordnete des Europaparlaments, um, so erklärte die Regierung, gegen jene vorzugehen, die „der Souveränität und den Interessen Chinas schweren Schaden zufügen und böswillig Lügen und Desinformationen verbreiten".[9] Unter den sanktionierten Parlamentariern findet sich auch der Deutsche Reinhard Bütikofer von Bündnis 90/Die Grünen.

Längst ist China damit vom Sanktionsziel zur Sanktionsmacht geworden. Die Strafmaßnahmen sind dabei nicht mehr nur Mittel, um zurückzuschlagen. Sie dienen Xi Jinping und seiner Regierung zunehmend als Werkzeug, um ihre außenpolitischen Ziele zu erzwingen. Dabei hat sich die Kommunistische Partei offensichtlich die Supermacht USA und deren OFAC-Abteilung im Finanzministerium zum Vorbild genommen. Zwischen 2012 und 2023 hat Peking 39-mal Zwangsmittel verhängt, davon in 28 Fällen unilaterale Sanktionen.[10] Vor allem seit 2018 ist der Sanktionshunger des Landes stark gewachsen, im Juni 2021 verabschiedete die Regierung ein neues Gesetz, offiziell zur Abwehr von ausländischen Sanktionen. China setzt vor allem auf Einreiseverbote, friert ausländisches Vermögen ein und mischt häufig offizielle Sanktionen mit inoffiziellen Maßnahmen.

Das Bündel chinesischer Zwangsmittel wächst zunehmend – auch gegen westliche Unternehmen: 2023 haben chinesische Behörden die amerikanischen Rüstungsproduzenten Lockheed Martin und Raytheon mit Strafen belegt, durchsuchten Büros der US-Wirtschaftsprüfungsgesellschaft Mintz und verhafteten einen Manager des japanischen Pharmakonzerns Astellas. Sogar die amerikanische Basketballliga NBA wurde bereits zum Ziel von chinesischen Strafmaßnahmen.[11] Auf der Sanktionsliste finden sich unter anderem Litauens stellvertretende Ministerin für Transport und Kommunikation, Agnė Vaiciukevičiūtė, und die frühere Sprecherin des US-Repräsentantenhauses Nancy Pelosi. Beide wurden wegen ihrer Taiwan-Besuche sanktioniert.

Auch in China verwischt die Grenze zwischen mit Strafzöllen und Exportverboten geführten Handelskriegen und Wirtschaftssanktionen immer stärker. Ein zentraler Streitpunkt ist die US-Blockade für Spitzentechnologie, die für die Produktion von Hochleistungschips im niedrigen Nanometerbereich benötigt wird. Die Niederlande und Japan schlossen sich der Blockade an. In einer aufsehenerregenden Entscheidung schränkte die niederländische Regierung auf Druck der

USA den Export der weltweit führenden Maschinen für die Herstellung von fortschrittlichsten Halbleitern des Produzenten ASML in die Volksrepublik ein.[12] Der Vorwurf: Mit Hochleistungschips rüstet China sein Militär und seine Cyberarmee hoch.

Chinas Regierung kündigte im Handelsstreit mit den USA im Juli 2023 an, durch Exportkontrollen den Zugang westlicher Firmen zu den seltenen Metallen Gallium und Germanium, die für die Produktion von Mikrochips und den Bau von Autos wichtig sind, zu beschränken.[13] Gerade deutsche und europäische Hersteller sind besonders verwundbar, da sie Rohstoffe, die in Europa nicht zu bekommen sind, importieren müssen. China ist der größte Lieferant von seltenen Erden, ohne die kein Mobiltelefon oder kein Elektroauto laufen würde. Der Handelskrieg droht sich weiter aufzuschaukeln: Beim G7-Gipfel in Hiroshima forderten die USA im Mai 2023 ein „koordiniertes Vorgehen" gegen Chinas wirtschaftlichen Zwang.[14] Das Land nutzt seine stetig wachsende Machtposition, um – ähnlich wie andere Sanktionsmächte – mit wirtschaftlichen Mitteln seine politischen Interessen durchzusetzen. Peking ist dabei stets darauf bedacht, seine Strafmaßnahmen als Reaktion auf ungerechtfertigte Angriffe des Westens und seiner Verbündeten darzustellen.

Mit dem Einsatz von Sanktionen steht China nicht allein. Autoritäre Regionalmächte wie Saudi-Arabien und Iran nutzen Strafen ebenfalls als Machtmittel in der Nachbarschaft. Wie wir gesehen haben, scheut sich auch Russland nicht, Sanktionen als Machtmittel zu nutzen. Der Kreml hat wiederholt Strafen gegen ehemalige Sowjetrepubliken angedroht und verhängt, um sie „auf Linie" zu bringen, unter anderem, um zu verhindern, dass sie sich der EU annähern.[15] Als die türkische Luftwaffe am 24. November 2015 im Grenzgebiet zu

Syrien einen russischen Kampfjet abschoss, strafte Präsident Putin das Land mit weitreichenden Wirtschaftssanktionen ab. Er verbot die Einfuhr zahlreicher türkischer Waren, russische Urlauber durften nicht mehr in die Türkei reisen, Fluggesellschaften mussten ihre Charterflüge einstellen. Ohne russische Touristen wäre der Türkei eine bedeutende Einnahmequelle weggebrochen. Der wirtschaftliche Zwang wirkte: Nachdem sich der türkische Staatschef Erdogan persönlich bei der Familie des getöteten Kampfpiloten entschuldigt hatte und die für den Abschuss verantwortlichen türkischen Militärs in Haft kamen, hob der Kreml die Sanktionen wieder auf. Die Beziehungen zwischen beiden Ländern erreichten überraschend schnell wieder ihre normale Temperatur.

13 Sanktionslabor Russland

Die USA, Europa und ihre Verbündeten wie Südkorea haben mit beispielloser Härte auf den russischen Frontalangriff auf den Nachbarstaat Ukraine reagiert. Die Russlandsanktionen markieren damit vorläufig den Höhepunkt eines internationalen Trends – das Comeback von schmerzhaften Zwangsmitteln. Wie im Fall von Iran oder Syrien schneidet der Westen Sanktionen wieder umfassender zu und trifft damit nicht nur die politischen Eliten des Sanktionsziels, sondern – trotz humanitärer Ausnahmen – weite Teile der Wirtschaft und der Bevölkerung. Mit ihren Strafen wollen sie den Kreml zum Rückzug zwingen, seinen Handlungsspielraum, den Angriffskrieg zu führen, verringern und ein international sichtbares Signal über zentrale Normen des Völkerrechts wie die territoriale Integrität und staatliche Souveränität senden.

Natürlich ist es schwer vorauszusagen, wie sich die Russlandsanktionen weiter entwickeln werden. Der Einsatz der Zwangsmittel hängt vom Kriegsverlauf, den Entwicklungen in Russland und den politischen Mehrheiten in den Sanktionsmächten ab. Ohne Zweifel bedeuten die Strafmaßnahmen gegen Russland jedoch eine Zeitenwende in der Anwendung internationaler Sanktionen. Sie werden die Sanktionspraxis des Westens und, neben dem Angriffskrieg selbst, die internationalen Beziehungen über Jahre, wenn nicht Jahrzehnte, prägen.

Was macht die Russlandsanktionen so besonders? Es ist das mächtige Sanktionsziel, die Geschwindigkeit, mit der die Sanktionskoalition nach Russlands Überfall immer neue Strafen verhängt hat, und der Mix ganz unterschiedlicher Zwangsmittel.

Mächtiges Sanktionsziel

Noch nie hat der Westen einen so gewichtigen Gegner so umfassend sanktioniert wie Russland. Zwar übersteigt der „maximale Druck" der USA gegen Iran, Venezuela und Nordkorea noch den gegen die Russische Föderation. Trotzdem scheinen die kostenträchtigen Russlandsanktionen auf den ersten Blick die bisherige Forschung zu widerlegen. Die hat schließlich festgestellt, dass Sanktionsmächte selektiv vorgehen und versuchen, ihre eigenen Kosten niedrig zu halten. Sanktionen wurden in den 1990er- und in den 2000er-Jahren auch deswegen so beliebt, weil politisch Verantwortliche im Westen und vor allem in der US-Hauptstadt Washington sie als „günstiges Instrument" sahen, mit denen sie Gegner bestrafen können.[1]

Russlands brutaler Angriff auf die Ukraine am 24. Februar 2022 war jedoch ein Zivilisationsbruch, ein dramatisches und für viele unvorstellbares Ereignis. Millionen, wenn nicht Milliarden von Menschen weltweit verfolgen auf ihren Bildschirmen und Smartphones den völkerrechtswidrigen Angriffskrieg und die entschlossene Verteidigung der Ukrainerinnen und Ukrainer, denen Präsident Wolodymyr Selenskyj Gesicht und Stimme gibt. Der Überfall auf den kleineren Nachbarn – in Friedenszeiten selbst ein Staat mit über 43 Millionen Einwohnerinnen und Einwohnern – konnte deswegen für den Westen nicht ungeahndet bleiben. Die Massaker in Butscha und Irpin, Vororte der Hauptstadt Kyjiw, mit Hunderten von getöteten Zivilisten wurden im Frühjahr 2022 zum Symbol der Gräueltaten russischer Truppen und befeuerten den Handlungsdruck in den westlichen Hauptstädten weiter. Die USA und vor allem die Europäer waren sofort bereit, die seit der Krimannexion 2014 bestehenden Sanktionen enorm auszuweiten und selbst beträchtliche Kosten wie steigende Inflation, Schulden, einen ungewissen Winter und im September 2022 den Stopp der Gaslieferungen durch den Kreml in Kauf zu nehmen. (Festgehalten werden muss aber: Abgesehen vom abrupten Stopp der Nord Stream 2-Pipeline, achteten die Bundesregierung und die EU zu Beginn sehr genau darauf, den Fluss von russischem Gas und Öl nicht zu unterbrechen.)

Der größte Flächenstaat der Erde ist mit seinen Machtressourcen ein untypisches Sanktionsziel, die Schwelle, harte Sanktionen zu verhängen, war äußerst hoch. Wie dargestellt, kann die Russische Föderation als ständiges Mitglied im UN-Sicherheitsrat jede Resolution des Gremiums blockieren und verfügt noch vor den USA über die meisten Atomsprengköpfe weltweit. Auch das wirtschaftliche Gewicht Russlands ist noch immer bemerkenswert. Nicht nur besitzt das Land die elftgrößte Volkswirtschaft der Welt – seine Wirtschaftsleistung liegt etwas über der Spaniens. Russland exportiert große Mengen von Öl, Gas und anderen strategisch bedeutsamen Bodenschätzen.

Hohes Tempo

Der Westen belegte Russland in bisher unbekannter Geschwindigkeit mit immer neuen Strafmaßnahmen und verschärfte damit seinen Sanktionsdruck. Schon einen Tag *vor* Beginn des russischen Einmarschs in die Ukraine am 24. Februar 2022 verhängten die Europäische Union, die USA und weitere Staaten Wirtschaftssanktionen gegen Russland. Damit reagierten sie auf Präsident Putins formale Anerkennung der sogenannten Volksrepubliken Donezk und Luhansk auf dem Gebiet der Ukraine als unabhängige Staaten. Die EU belegte politisch Verantwortliche mit Reiseverboten, fror ihre Vermögen ein, setzte Handelsverbote für die Separatistengebiete Donezk und Luhansk in Kraft und machte es dem Kreml nahezu unmöglich, sich Geld auf dem europäischen Finanzmarkt zu leihen.

Sofort nach dem russischen Überfall folgen weitere Strafen, die EU-Regierungen tagen im hohen Takt. Schon am 25. Februar 2022 setzen die Europäer Russlands Präsident Putin und Außenminister Sergej Lawrow auf ihre Sanktionsliste. Diesen symbolträchtigen Schritt hatten sie nach der Krimannexion 2014 noch vermieden. Sie verhängen drastische Beschränkungen in den Bereichen Finanzen, Energie, Transport und Technologie. Exportverbote stoppen die Ausfuhr von Flugzeugteilen, Ausrüstung für Raffinerien und Dual-Use-Technik, die Moskau in modernen Waffen und Präzisionsmunition verbauen kann. Hochtechnologie wie Computerchips, Halbleiter und Software kommt auf den Index. Direktflüge zwischen der EU und den USA auf der einen und Russland auf der anderen Seite werden gestrichen. Im ersten Jahr von Russlands Angriffskrieg bringen Berlin, Paris, Warschau und die anderen EU-Staaten zehn Sanktionspakete gegen den Aggressor auf den Weg. Zum Jahrestag der russischen Invasion ist die elfte Runde bereits in Arbeit. Mit ihren zahlreichen Beschränkungen haben die Europäer (siehe Abbildung 7) und ihre Partner einen massiven Sanktionswall aufgetürmt.

Abbildung 7: EU-Sanktionspakete gegen Russland

Erstes Sanktionspaket (23. Februar 2022)	Handelsbeschränkungen für die Separatistengebiete Donezk und Luhansk; beschränkter Zugang zu den EU-Kapital- und Finanzmärkten und Dienstleistungen; Einfrieren von Vermögen und Reisebeschränkungen.

Zweites Sanktionspaket (25. Februar 2022)	Exportbeschränkungen für Raffinerie- und Flugzeugtechnik sowie für Dual-Use-Güter und Mikroelektronik; allgemeine Visabeschränkungen; weitere Individualsanktionen, u. a. gegen Präsident Putin und Außenminister Lawrow.
Drittes Sanktionspaket (28. Februar, 2. März, 9. März 2022)	Verbot von Transaktionen mit russischer Zentralbank und Einfrieren all ihrer Vermögenswerte; Sperrung des EU-Luftraums für russische Flugzeuge; SWIFT-Ausschluss für sieben Banken; Sendeverbot von Russia Today und Sputnik in der EU; weitere Individualsanktionen.
Viertes Sanktionspaket (15. März 2022)	Verbot von Transaktionen mit bestimmten staatseigenen Unternehmen und Ratingdiensten; Verbot von neuen Investitionen und von Technologieexport in bzw. für Russlands Energiesektor; Handelsbeschränkungen für Eisen, Stahl und Luxusgüter; weitere Exportbeschränkungen für Dual-Use-Güter und Listungen.
Fünftes Sanktionspaket (8. April 2022)	Importverbot von Kohle, Holz, Zement, Meeresfrüchten und Spirituosen; Zugangsverbot für EU-Häfen und Sperrung der EU-Straßen für russische Kraftverkehrsunternehmen (mit humanitären Ausnahmen); Verbot von Zahlungen in Kryptowährungen; weitere Individualsanktionen.
Sechstes Sanktionspaket (3. Juni 2022)	Einfuhrverbot von Rohöl und raffinierten Erdölerzeugnissen (mit wenigen Ausnahmen); Ausschluss von vier weiteren (bela-) russischen Banken aus dem SWIFT-System; Verbot von drei staatseigenen russischen Medien in der EU.
Siebtes Sanktionspaket zur „Aufrechterhaltung und Anpassung“ (21. Juli 2022)	Importverbot von russischem Gold; Exportbeschränkungen für Dual-Use-Güter verschärft; Zugangsverbot für Häfen auf Schleusen ausgeweitet; Präzisierung bestehender Maßnahmen; weitere Listungen.

Achtes Sanktionspaket (6. Oktober 2022)	Beschluss von Preisobergrenze für russisches Öl, das auf dem Seeweg transportiert wird; Exportbeschränkungen für Dual-Use-Güter ausgeweitet; Importverbot von Zellstoff, Papier, Zigaretten, Kunststoff, Kosmetika, Edelsteinen und Edelmetallen; Ausweitung der am 23. Februar beschlossenen Handelsbeschränkungen auf die Gebiete Saporischschja und Cherson.
Neue Regelung (28. November 2022)	Aufnahme von Verstößen gegen Sanktionen in die Liste der „EU-Straftatbestände".
Umsetzung achtes Sanktionspaket (3. Dezember 2022)	Festsetzung von Preisobergrenze für russisches Rohöl und Erdöl auf 60 US-Dollar pro Fass.
Neuntes Sanktionspaket (16. Dezember 2022)	Exportbeschränkungen für Drohnenmotoren; neue Beschränkungen für Dual-Use-Güter: u. a. Chemikalien, Elektronikbauteile, IT-Komponenten; Verbot neuer Investitionen in den russischen Bergbausektor; Sanktionierung einer zusätzlichen russischen Bank; Verbot vier weiterer russischer Medienkanäle in der EU; weitere Individualsanktionen.
Zehntes Sanktionspaket (25. Februar / 13. April 2023)	Neue Exportverbote für „kritische Technologien" (Elektronikbauteile und Dual-Use-Güter); Importverbot für Bitumen und synthetischen Kautschuk; verschärfte Meldepflicht für eingefrorene Vermögenswerte; Sendelizenzen für zwei weitere Sender werden ausgesetzt; weitere Individualsanktionen, u. a. gegen Personen aus Iran und die Wagner-Gruppe.
Elftes Sanktionspaket (23. Juni 2023)	Verschärfte Bekämpfung der Sanktionsumgehung über Drittstaaten; Durchfuhrverbot „sensibler Güter" durch Russland; vollständiges Verbot für russische Lkw, Güter in die EU zu transportieren; Sendeverbot für weitere fünf russische Fernsehkanäle; weitere Individualsanktionen wegen der Umgehung von Sanktionen, davon gegen drei Firmen aus China.

Stand: 13. Juli 2023 *Daten: Europäische Union*[2]

Die westlichen Individualsanktionen greifen weit aus. Einreiseverbote und Kontensperrungen treffen nach einem Jahr mehr als 1500 Verantwortliche in Russland – Dumaabgeordnete, Mitglieder des Sicherheitsapparats, die politische Elite von Putins Partei „Einiges Russland“, aber auch Oligarchen und Familienmitglieder. Über 150 Organisationen, die Russlands Krieg stützen oder ihn wie die Wagner-Söldnergruppe führen, sind ebenfalls im Visier der EU-Individualsanktionen (siehe Abbildung 8) und US-Maßnahmen.

Abbildung 8: Gezielte EU-Sanktionen gegen russische Personen und Organisationen, 2022-2023

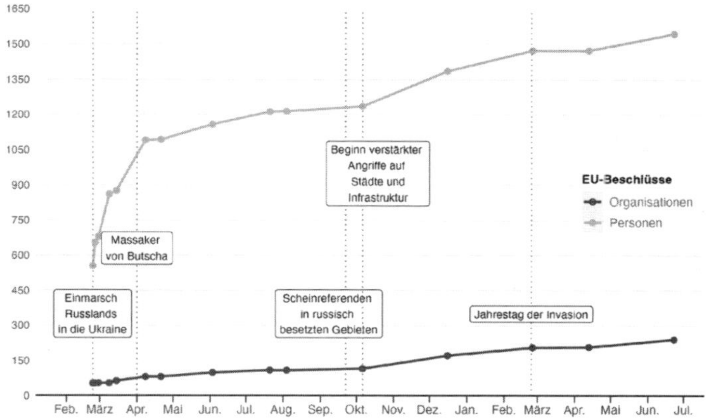

Stand: 13. Juli 2023 *Daten: Europäische Union*[3]

Mit ihren Listungen halten die europäischen Staaten kontinuierlich den Druck hoch und reagieren außerdem auf besonders drastische Kriegsverbrechen und Völkerrechtsbrüche Russlands: Das fünfte Sanktionspaket verabschiedeten sie schnell, nachdem im April 2022 die Massaker in den Kyjiwer Vororten Butscha und Irpin bekannt wurden. Ende September 2022 hielt Russland grotesk anmutende Scheinreferenden in den besetzten Gebieten im Süden und Osten der Ukraine – in den Regionen Donezk, Luhansk, Saporischschja und Cherson – ab, um über deren völkerrechtswidrigen Anschluss den Deckmantel der Legalität zu werfen. Ungefähr zur selben Zeit nahm die russische Armee verstärkt Städte, Kraftwerke, Stromverteiler und weitere Infrastruktur unter Beschuss. Im kalten Winter sollte dies den Willen der Ukrainerinnen und Ukrainer brechen und den späteren Wiederaufbau erschweren. Militärisch ergab das Vorgehen keinen Sinn. Die Europäer antworteten mit ihrem achten Sanktionspaket, das einschneidende Maßnahmen wie den Preisdeckel für russisches Rohöl brachte. Die Preisobergrenze für Rohöl kam im Dezember 2022. Zum Jahrestag der Invasion Ende Februar 2023 verabschiedete die EU weitere Strafen.

Entscheidend für die fortgesetzten Wirtschaftsbeschränkungen waren jedoch die ukrainischen Erfolge auf dem Schlachtfeld. Innerhalb weniger Tage scheiterte Russlands Sturm auf die Hauptstadt Kyjiw, der Widerstand war bemerkenswert. Vom Überrennen der Ukraine konnte keine Rede sein, im Gegenteil. Angeführt von Präsident Wolodymyr Selenskyj verteidigte sich das Land und warb effektiv um die Unterstützung des Westens. Wäre dagegen der Kreml mit seiner Attacke erfolgreich gewesen, hätten die Sanktionen wie nach der Annexion der Krim 2014 „nur“ Strafen für einen als unumkehrbar erschienenen Zwangsakt dargestellt. So greift eine echte Constraining-Logik: Die harten Zwangsmittel verringern den Handlungsspielraum des Kremls im Krieg. Sie drosseln die Einnahmen aus dem Verkauf von Öl und Gas, erschweren den Zugang zu den internationalen Finanzmärkten und verringern deutlich den Strom westlicher Computerchips und anderer Elektronikbauteile, die Russland zum Bau von Präzisionswaffen braucht. Kurz: Die Strafmaßnahmen treiben die Kosten für Moskaus wenig erfolgreichen Angriff enorm in die Höhe und hemmen die Kampfkraft Russlands.

Zwei Dinge sind besonders bemerkenswert. Zum einen ist Europa außenpolitisch aufgewacht. Der Krieg hat die Bedeutung von Zwangsmitteln schlagartig deutlich gemacht und das Thema „Sanktionen" buchstäblich in die europäischen Wohnzimmer und Heizungskeller gebracht. Im Gespräch sind außenpolitisch Verantwortliche selbst verblüfft, mit welchem Tempo sich die als behäbig verschriene Union bewegt, wie entschieden sie reagiert hat. Vor allem Polen und die baltischen Staaten hatten seit Langem für eine kompromisslose Antwort auf die russische Aggression gekämpft – mit Waffen und finanzieller Hilfe für den angegriffenen Nachbarn, aber eben auch mit einschneidenden Sanktionen.

Angetrieben von der Präsidentin der EU-Kommission, Ursula von der Leyen, und dem Hohen Vertreter für Außen- und Sicherheitspolitik, Josep Borrell, trat die Union dem Überfall, anders als bei der Annexion 2014, entschlossen entgegen. Die Kommission wurde zum Motor europäischer Sanktionspolitik. Ohne Zweifel hat Brüssel in der Krise seine Handlungsfähigkeit in der Außenpolitik entdeckt. Englischsprachige Forscherinnen und Forscher bezeichnen das als „Actorness". Sanktionen wurden zum selbstverständlichen Machtmittel der Gemeinschaft.

Die große Einigkeit ist umso bemerkenswerter, da nach den Regeln der Gemeinsamen Außen- und Sicherheitspolitik stets alle 27 EU-Mitgliedsstaaten zustimmen müssen. Auch eine eher Putin-freundliche Regierung wie die von Ungarns Ministerpräsident Viktor Orbán drehte bei und trug die Strafen mit. Zudem gehen die Russlandsanktionen mit beträchtlichen Kosten für die Europäer einher. Die aufgrund des Krieges, der Sanktionen und der russischen Gegenmaßnahmen rasant gestiegenen Energiepreise belasten Bürgerinnen und Bürger, Unternehmen und Regierungen.

Jedoch ist der ursprüngliche Schwung verpufft. Die EU-Mitgliedsstaaten stritten schon im Sommer 2022 heftig über die Energiesanktionen. Auch Deutschland, zu jener Zeit noch enorm vom russischen Gas abhängig, stand auf der Bremse. Das ist vorbei. Allerdings scherte Ungarn aus und bezieht weiter Öl und Gas aus Russland. Erst im April 2023 unterzeichnete Ungarns Außenminister Péter Szijjártó ein neues Kooperationsabkommen in Moskau. Durch die Druschba-Pipeline strömt weiter russisches Erdöl nach Ungarn, Tschechien und in die Slowakei (Stand: Juli 2023). Viel deutlicher als zu Beginn schlagen nun die Eigeninteressen der Mitgliedsstaaten durch. So verhinderte Belgien bei den Verhandlungen über das elfte EU-Sanktionspaket ein striktes Embargo gegen russische Diamanten. Nirgendwo werden mehr Diamanten gehandelt und bearbeitet als im belgischen Antwerpen, die Edelsteine haben eine große wirtschaftliche Bedeutung für das Land. Über fünf Prozent seiner Exporteinnahmen erwirtschaftet Belgien mit den Edelsteinen und mehr als 30.000 Arbeitsplätze hängen direkt oder indirekt am Diamantenhandel.

Auch der enorme Takt, mit dem die EU-Staaten immer neue Zwangsmittel erließen, hat sich verlangsamt. Am folgenden Tag des symbolträchtigen Jahrestags der russischen Invasion verhängte die Union ihre zehnte Sanktionsrunde. Das elfte Paket, mit dem die Union vor allem gegen die Umgehung ihrer Zwangsmittel vorgeht, brauchte mehrere Monate Vorlauf. So bitter es klingen mag: Mittlerweile haben sich viele in den Hauptstädten offensichtlich an den Krieg gewöhnt, die gefühlte Dringlichkeit ist geschwunden. Den europäischen

Regierungen fällt es zunehmend schwerer, die Sanktionsschraube noch fester zu drehen.

Zum Zweiten stimmen sich die Europäer bei ihren Sanktionsentscheidungen so eng mit Amerikanern und weiteren Partnern ab wie noch nie. Die Gruppe der G7, der sieben größten demokratischen Industriestaaten der Welt, wurde zur Triebfeder der westlichen Zwangsmittel. Obwohl UN-Maßnahmen gegen das ständige Mitglied des Weltsicherheitsrats von Beginn an unrealistisch waren, ist es bemerkenswert, wie viele Staaten sich der Sanktionskoalition gegen Russland angeschlossen haben. Insgesamt stehen mindestens 44 Länder an der Seite der Ukraine und haben Strafmaßnahmen gegen die Großmacht verhängt (die Ukraine hat ebenfalls Sanktionen erlassen, im Ganzen sind es damit mindestens 45 Staaten). Neben traditionellen Partnern wie Großbritannien, Norwegen, Island, Australien, Kanada und Japan, die sich häufig anschließen – „Alignment" genannt –, ist auch Südkorea dabei. Zum ersten Mal seit mehr als 40 Jahren verhängte zudem Singapur Sanktionen ohne ein Mandat der Vereinten Nationen. Das asiatische Finanzzentrum südlich vor Malaysia verbietet seinen Banken die Finanzierung von Rohstoff- und Ölgeschäften mit Russland.[4]

Neue Strafen

Wie sanktioniert man einen so mächtigen Staat wie Russland? Wie drückt man spürbar für den Kreml auf den Schmerzknopf? Mit einigen ihrer Strafen gegen Moskau wie der Ölpreisgrenze betraten Washington, Brüssel und ihre Verbündeten Neuland. So stoppte Bundeskanzler Olaf Scholz bereits am 22. Februar 2022, zwei Tage vor dem Überfall, den Genehmigungsprozess für die neue Gaspipeline Nord Stream 2 in der Ostsee. Ein Projekt, mit dessen Bau Deutschland und seine europäischen Partner gemeinsam mit Russland nach der Annexion der Krim 2014 begonnen und das sie gegen massive Widerstände in Amerika, Polen, den baltischen Staaten und – nicht zu vergessen – in der Ukraine durchgezogen hatten.

Das war nur der Anfang. Der Westen verhängte gegen ein so mächtiges Ziel noch nie da gewesene Strafen. Der erste Schlag traf Russland im Finanzbereich unmittelbar nach dem Einmarsch. Es war offenbar die Idee von Janet Yellen, der US-Finanzministerin, und Italiens Ministerpräsident Mario Draghi.[5] Yellen hatte zuvor die amerikanische Notenbank, Draghi die Europäische Zentralbank geleitet. In einem beispiellosen Akt setzten die westlichen Zentralbanken Russlands Auslandsreserven in Höhe von etwa 300 Milliarden US-Dollar fest. Die russische Zentralbank hat seitdem keinen Zugriff mehr auf ihr in US-Dollar, Euro, Pfund Sterling, Japanischen Yen und Schweizer Franken gehaltenes Vermögen bei europäischen und amerikanischen Banken. Zwar hatte die von Elwira Nabiullina geführte russische Zentralbank seit 2014 zunehmend andere Auslandswährungen als den Dollar gekauft. Mit dem sofortigen Festfrieren des russischen Auslandsvermögens, auch in Währungen wie dem Euro, hatten sie und ihre Kollegen aber offensichtlich nicht gerechnet. Allerdings ist es nicht völlig neu, dass die USA und ihre Partner Devisenreserven von Zentralbanken festsetzen – zu diesem Mittel griffen sie auch im Fall von Afghanistan, Syrien und Iran.

Was von Iran bekannt ist, nutzten Washington, London und Berlin nun in viel größerem Maßstab. Zehn Banken, darunter seit einiger Zeit das größte russische Geldinstitut, die Sberbank, die fast ein Drittel der bei russischen Banken liegenden Vermögenswerte hält, sind vom internationalen

Bankentransfersystem SWIFT ausgeschlossen. Weitere sechs hat die EU bislang direkt sanktioniert. Sie alle haben damit keinen Zugang mehr zum globalen Finanzsystem. Anders als im Fall von Iran zog der Westen jedoch nicht die „nukleare Option" und klemmte das gesamte Bankensystem Russlands vom SWIFT-Dienst ab. Vielmehr ließen die Europäer bewusst Kanäle wie die Gazprom-Bank offen, um ihre Gas- und Ölrechnungen begleichen zu können. Mittlerweile diskutieren Expertinnen und Experten darüber, eingezogenes russisches Vermögen für Reparationen, also Ausgleichszahlungen, und den Wiederaufbau in der Ukraine zu nutzen.[6] Außerdem könnten westliche Regierungen die Zinsen der festgesetzten russischen Auslandsdevisen nach Kyjiw überweisen.[7] Mit beiden Mitteln würden sie juristisches Neuland betreten.

Exportverbote für Halbleiter, Kugellager und weitere Technik, die die russische Kriegsmaschine befeuern könnten, gehören mittlerweile zum Sanktionsstandard. Genauso Waffenembargos, die die Ausfuhr von Munition und Kampfmitteln blockieren. Jedoch haben die USA und die EU ihre Sanktionsschlinge im Fall von Russland immer enger gezogen. Ihre Handelsbeschränkungen reichen von Technik für die Öl- und Gasförderung, Raffinerien und Flugzeugen, Stahl, Chemikalien, Elektronikbauteilen, IT-Komponenten bis hin zu Drohnenmotoren. Einfach gesagt: Alles, was eine moderne Industrie braucht, unterliegt westlichen Strafmaßnahmen. Moskau muss das Material in China oder bei seinen Nachbarn besorgen. Bei Hochtechnologie wie Halbleitern und Mikrochips können andere Lieferanten allerdings nicht einfach einspringen.

Schon nach wenigen Kriegsmonaten war der vormals, nach den USA, zweitgrößte Waffenexporteur der Welt gezwungen, sich Drohnen und Munition in Iran und Nordkorea zu beschaffen.[8] Andere Industriebereiche, wie der Automobilbau, brachen fast völlig ein, die Traditionsmarke Lada schickte ihre Arbeiterinnen und Arbeiter in den Zwangsurlaub.[9] Airbus und Boeing liefern keine Ersatzteile mehr für die Flotte russischer Passagierjets, die zu drei Vierteln aus Maschinen westlicher Produktion besteht. Das Unternehmen Lufthansa Technik hatte über Jahre russische Maschinen gewartet und Ersatzteile geliefert. Damit ist Schluss. Zum ersten Mal in ihrer Geschichte ließ die staatliche Aeroflot deswegen ihre Passagiermaschinen in Iran reparieren.[10] Beobachter sprechen bereits vom „Fliegen wie zu Sowjet-Zeiten".[11] Auch im Verteidigungssektor war das Constraining, verstanden als die Begrenzung des russischen Handlungsspielraums, bislang offensichtlich erfolgreich. Ein Bericht des amerikanischen Center for Strategic and International Studies stellte im April 2023 fest, dass die Zwangsmaßnahmen zu einem Engpass an hochwertigen Militär-Komponenten geführt haben, den Moskau nur mit Bauteilen geringerer Qualität ausgleichen kann.[12]

Deutschland, Italien, Ungarn und weitere osteuropäische Nachbarn waren schwer abhängig von russischem Öl und vor allem Erdgas, ein Stoff, der am besten durch Pipelines gepumpt wird und sich nicht einfach umleiten lässt. Im Mai 2021 lieferte Russland 64 Prozent des deutschen Gasbedarfs. Gleichzeitig ist der Kreml auf den Verkauf der Brennstoffe angewiesen, beide Seiten sind damit voneinander abhängig gewesen. Vor dem Angriff auf die Ukraine machten die Energieeinnahmen aus dem Öl- und Gasverkauf fast die Hälfte des russischen Staatshaushalts aus.[13] Schon im Frühsommer 2022 hielten zahlreiche Expertinnen und Experten einen schnellen Ausstieg Deutschlands aus russischen Öl- und Gaslieferungen für vertretbar – es gab aber auch Gegenmeinungen. Die Bundesregierung lehnte damals ab, zu unsicher. Es drohte ein entbehrungsreicher Winter. Jedoch beschlossen die Europäer, schrittweise die Einfuhr von russischem Erdöl mit Tankschiffen und durch die Tausende Kilometer langen Pipelines zu verbieten. Da Tanker das meiste Öl in die EU bringen, stoppte die EU mit diesem Beschluss bis Ende des Jahres 2022 bereits 90 Prozent ihrer Erdöleinfuhren aus Russland.

Gleichzeitig diskutierten die G7-Industriestaaten ein gänzlich neues Instrument, eine Preisobergrenze für russisches Öl. Der Preisdeckel soll zwei gegensätzliche Interessen zusammenbringen. Zum einen schmilzt er die Energieeinnahmen Russlands ab. Zum anderen aber soll der Weltmarktpreis für Rohöl – immerhin exportiert Russland mehr als zehn Prozent der weltweit verkauften Menge – nicht durch die Decke schießen. Ein Verbot würde russisches Öl ganz vom Weltmarkt nehmen. Damit würden sich westliche Staaten selbst, aber auch andere im globalen Süden, empfindlich treffen. Russlands Öl soll deshalb weiter zu kaufen sein, aber eben zu einem niedrigen Preis. Keine Riesenprofite mehr für Moskau.

Das neue Werkzeug setzt bei den Tankerflotten und Schiffsversicherungen an, die Reedereien vor allem über Lloyd's abschließen. Die Regierungen machen sich damit die Marktmacht westlicher Schiffsbetreiber und Versicherungen zunutze. 95 Prozent aller Schiffsversicherungen werden über den Versicherungsmarkt in London abgeschlossen, europäische Reedereien betreiben mehr als die Hälfte aller Öltanker weltweit.[14] Die G7 setzten den Preisdeckel für Rohöl und Erdöl auf 60 US-Dollar pro Fass, auf Englisch Barrel, fest – ein Fass enthält 159 Liter Öl. Am 3. Dezember 2022 trat der Preisdeckel in Kraft. Es ist schwierig, die Effekte der neuen Maßnahme zu isolieren. Jedoch scheint das neue Instrument zu wirken, in den ersten Monaten des Jahres 2023 brachen Russlands Öl- und Gaseinnahmen ein.[15] Neben den Finanz- und Technologieverboten führt der Westen mit dem Ölpreisdeckel den dritten schweren Schlag gegen Russland. Washington und Brüssel zielen damit auf die verwundbarsten Stellen der russischen Wirtschaft. Insgesamt gehört das Bündel zu den schmerzhaftesten Energiesanktionen weltweit.

Dabei beließ es die Union nicht: Die EU entzog den russischen Auslands- und Propagandasendern Russia Today und Sputnik schon früh die Sendelizenz. Mit ihrem sechsten Sanktionspaket verbot sie im Juni 2022 drei weiteren staatseigenen russischen Sendern die Ausstrahlung in der Europäischen Union. Im Dezember folgten vier weitere. Zwar können die Bürgerinnen und Bürger weiter über das Internet auf russische Propagandamedien und Kremllautsprecher zugreifen. Brüssel will jedoch zumindest verhindern, dass russische Sender ihre Fake News und Hetze gegen den Westen auf offiziellen Frequenzen und Satellitenkanälen in der Union verbreiten.

Nie genossen internationale Strafmaßnahmen höhere Aufmerksamkeit. Dies ist dringend nötig, da die Zwangsmittel – zum Beispiel gegen russische Regierungsmitglieder, Dumaabgeordnete, Oligarchen und Unternehmen – zu den komplexesten aller jemals verhängten Sanktionspakete gehören. Schon im März 2022 gründete US-Justizminister Merrick B. Garland die „KleptoCapture"-Task Force, um das verschachtelte Vermögen von sanktionierten russischen Verantwortlichen und Oligarchen besser aufspüren zu können.[16] Die EU-Kommission zog nach und ernannte im Dezember 2022 den irischen Topdiplomaten David O'Sullivan zum „Sonderbeauftragten für die Umsetzung der EU-Sanktionen".

Wie die Sanktionen gegen Russland wirken

Die westlichen Zwangsmittel treffen Russland ins Mark und werden das Land wirtschaftlich über Jahre zurückwerfen. Jedoch haben sie – anders als von einigen erwartet – die Großmacht nicht in die Knie gezwungen.[17] Die russische Zentralbank und das Finanzministerium haben effektiv auf den Sanktionsschock und die Talfahrt des Rubels unmittelbar nach dem Einmarsch in die Ukraine reagiert – die von Elwira Nabiullina geführte Zentralbank führte umgehend strikte Kapitalmarktkontrollen ein und erhöhte die Leitzinsen. Im März 2022 durften Russen nur geringe Beträge von ihren Konten abheben, Auslandstransfers mussten genehmigt werden.

Außerdem werden selbst härteste Sanktionen und Exportverbote das Kalkül von Präsident Putin in absehbarer Zeit nicht verändern. Wie in anderen Diktaturen führt der wirtschaftliche Schmerz nicht zu Massendemonstrationen oder Spaltungen der Elite. Herrscher haben sich trotz gravierenderer Wirtschaftskrisen an der Macht gehalten. Syriens Präsident Baschar al-Assad „überlebte“ eine kriegs- und sanktionsversehrte Wirtschaft, die zwischen 2010 und 2020 um die Hälfte zusammenbrach, Venezuelas Ökonomie verlor zwischen 2014 und 2020 drei Viertel ihrer Größe, ohne dass Präsident Nicolás Maduro gehen musste.[18] In allen Fällen gehen Polizei und Sicherheitsdienste brutal gegen jedes kleinste Protestzeichen vor. Selbst Menschen, die sich nur mit einer Blume in der Hand oder, wie in Nischni Nowgorod, der fünftgrößten Stadt Russlands, mit einem leeren weißen Schild in der Innenstadt zeigen, werden sofort von der Polizei festgenommen und in Bussen weggeschafft.

Am besten setzt der Einfluss des Kremls aber schon viel früher ein. Die staatlichen Medien peitschen eine aggressive antiwestliche Propaganda in die russischen Wohnzimmer, die die USA, die NATO und die Zwangsmittel des Westens anklagt. Nur langfristig drohen der wirtschaftliche Druck und die fehlenden Erfolge auf dem Schlachtfeld Präsident Putin die Legitimationsquellen auszutrocknen. Die Sanktionen können damit durchaus seine personalistische Herrschaft gefährden.

Die umfangreichen Strafmaßnahmen des Westens gegen Russland leisten, was von ihnen zu erwarten ist. Zwar verbanden die Europäer mit ihnen die Forderung, dass „Russland seine militärischen Handlungen unverzüglich einstellt" und „alle Streitkräfte und Militärausrüstung bedingungslos aus dem gesamten Hoheitsgebiet der Ukraine abzieht".[19] Jedoch waren die Aussichten, dass wirtschaftliche Daumenschrauben allein den Kreml zum militärischen Rückzug bewegen, von Anfang an minimal. Grundsätzlich scheitern Sanktionen daran, einen Krieg zu beenden, vor allem wenn sie sich gegen eine Großmacht mit erheblichen Ressourcen richten. Sie beschränken aber Russlands Kampfkraft und zunehmend auch die Fähigkeit, den Feldzug zu bezahlen. Außerdem senden sie ein deutliches Zeichen, dass dieser Völkerrechtsbruch geahndet wird und zu erheblichen Kosten führt. Zudem wirken Sanktionen nie isoliert, sondern im Zusammenspiel mit wirtschaftlicher, humanitärer und militärischer Unterstützung. Im Fall von Russland und der Ukraine gilt der Dreiklang: Waffenlieferungen und wirtschaftliche sowie humanitäre Hilfe für die Ukraine und Sanktionen gegen Russland.

14 Fazit: Zwischen Worten und Waffen

Sanktionen stehen als Mittel der Außenpolitik zwischen einfachen Worten und Waffengewalt. Ziel des Buches ist es, die Diskussion über internationale Zwangsmittel auf feste Füße zu stellen. Sanktionen sind weder hilfloses Manöver noch Allheilmittel, sondern ein notwendiges Mittel internationaler Politik.

Mit unseren Erwartungen an das Instrument der Sanktionen sollten wir deswegen bescheiden bleiben. Grundsätzlich gilt: Einflüsse von außen sind für die Verhaltensänderung eines Staates in der Regel zweitrangig, Sanktionen wirken im besten Fall als Verstärker. Ohne Opposition im Zielstaat, sei es im Machtapparat oder in der Bevölkerung, führt wirtschaftlicher Druck von außen nicht zu politischen Fliehkräften im Inneren, zu Massenprotesten oder Spaltungen der Elite. Wir müssen die Grenzen wirtschaftlicher Macht nüchtern anerkennen.

Dies gilt auch für die Russlandsanktionen: Zwar fordern die EU und die USA in ihren Beschlüssen den sofortigen Stopp der Aggression Russlands und den Rückzug aller russischen Truppen aus der Ukraine. Im Kern wollen Washington und Brüssel aber vor allem die Finanzierung der Invasion und den Nachschub mit Hochtechnologie unterbinden. Die Sanktionen und Exportkontrollen trocknen Russlands finanzielle Ressourcen und technologischen Nachschub aus, aber sie haben die politische Kosten-Nutzen-Rechnung des Kremls nicht oder zumindest nicht ausreichend verändert. Ein Einlenken Russlands war jedoch von Anfang an unrealistisch. Sanktionen funktionieren nicht wie ein Kippschalter, sondern entfalten ihre Wirkung erst im Lauf der Zeit. Und ob sie wirklich einen Kurswechsel erzwingen, ist ungewiss.

Zur Erinnerung: Mehr als die Hälfte aller Sanktionen, die der Westen seit dem Ende des Kalten Krieges verhängt hat, richtet sich gegen schwächere Staaten im subsaharischen Afrika und im Nahen Osten. Die meisten Sanktionsregime gehen dabei gegen die Verletzung von Menschenrechten und Wahlfälschungen in Ländern wie Guinea, Nicaragua, Myanmar oder der Demokratischen Republik Kongo vor. Außerhalb von Expertenkreisen sind diese Sanktionspakete weitgehend unsichtbar. Nur wenige, wie die massiven Strafen gegen Russland, Iran, Nordkorea und – vonseiten der USA – gegen Kuba und Venezuela, geraten ins Licht der Öffentlichkeit. Die wirkmächtigen Zwangsmittel gegen die Großmacht bergen die Gefahr, dass wir falsche Analogien zu anderen Fällen ziehen und alle zukünftigen Sanktionen durch die Russlandbrille sehen. Wir können jedoch nicht einfach von den drastischen Sanktionen gegen die Großmacht auf weniger prominente, aber typischere Fälle schließen und diese zum Vorbild nehmen. Mit ihren Strafen verbinden die Sanktionsmächte zudem völlig unterschiedliche Forderungen. Die Beendigung eines Krieges oder ein Regimewechsel sind aus Sicht der Sanktionsziele kaum erfüllbar.

Es mag wie ein Widerspruch erscheinen, aber trotzdem sind Sanktionen besser als ihr Ruf. Natürlich sind Sanktionen Machtmittel. Auch erscheint die viel zitierte Erfolgsbilanz von einem Drittel der Fälle, in denen verhängte Zwangsmittel zumindest teilweise zu einem Politikwechsel führen, nicht berauschend.[1] Wir sollten aber nicht aus dem Blick verlieren, dass Sanktionen in der Regel auf gravierende Vergehen der sanktionierten Regime, politisch Verantwortlichen oder von Terrorgruppen antworten. Wenn wir die Strafen bewerten, dürfen wir die Opfer von Polizeigewalt, Folter oder Angriffskriegen nicht vergessen. Einen Durchbruch bedeuten deswegen die Magnitski-Sanktionen, die Herrschende und Helfer direkt ins Visier nehmen, um gegen Menschenrechtsverletzungen und Terror vorzugehen. Über 35 Staaten – mit allen 27 EU-Mitgliedsstaaten – haben nach dem gewaltsamen Tod des Anwalts Sergej Magnitski in russischer Haft und dem Vorbild der USA bereits ein solches Sanktionsregime auf den Weg gebracht. Sanktionen erfüllen hier eine wichtige Ordnungsfunktion und sind keineswegs wirkungslos, vor allem wenn wir auf ihre Constraining- und Signal-Funktion schauen. Das heißt, sie beschränken den Handlungsspielraum der Sanktionsziele und senden ein wichtiges Zeichen über zentrale internationale Normen. Sie zeigen, dass Verantwortliche nicht ungestraft davonkommen. Zudem wirken die Strafmittel oft im Verborgenen, schließlich gilt in Forschung und Praxis das Drohen mit Sanktionen im Vergleich zu umgesetzten Maßnahmen als wirksamer.

Der Aufwand, Sanktionen umzusetzen, ist enorm, die Interpretation der Maßnahmen oft unklar. Zunächst werden die Sanktionsabteilungen im Wirtschafts- und Finanzministerium sowie im Auswärtigen Amt, beim Zoll, dem Bundesamt für Wirtschaft und Ausfuhrkontrolle (BAFA) sowie die Bundesländer ihre Muskeln stärken müssen, um die immer komplexer werdenden Sanktionspakete umzusetzen und Schlupflöcher zu schließen. Zudem müssen heimische Exporteure und Banken schon jetzt einen immensen Aufwand betreiben. Nach dem Prinzip des KYC („Know Your Customer") müssen sie im global vernetzten Kapitalismus genau prüfen, wen sie vor sich haben, mit wem sie Geschäfte treiben. Das gilt nicht nur für internationale Großbanken wie die Deutsche Bank und die Commerzbank. Kleinere und mittlere Unternehmen haben zunehmend Schwierigkeiten, mit der Vielzahl von Sanktionsbestimmungen noch Schritt zu halten. Zur Erinnerung: An gelistete Personen und Firmen darf nicht mal ein Bleistift gehen. Ohne eingehende Prüfung machen sich die Unternehmen in Amerika und Europa strafbar. Die Zahl der Voranfragen und Genehmigungsanträge für Exportgeschäfte bei der BAFA ist bereits rapide gestiegen und deren Bearbeitung dauert länger.

Wie ich gezeigt habe, sind Sanktionen keineswegs nur ein Thema der internationalen Politik und der Wirtschaft. Auch wir sind von Strafmaßnahmen schon heute direkt betroffen. Vor jeder Flugreise läuft unser Name routinemäßig durch riesige Datenbanken mit Milliarden von Einträgen auf der Suche nach blockierten Personen, Terroristen und Firmen. Banken überprüfen jede unserer Überweisungen und versehen sie mit einem Risikoprofil.

Daher ist auch die Akzeptanz der Strafen zu Hause enorm wichtig, um den Druck hochhalten zu können. Im Fall der Russlandsanktionen ist sie in Deutschland auch im zweiten Jahr des russischen Angriffskriegs bemerkenswert hoch. Die Mehrheit der Deutschen hält die Strafmaßnahmen für richtig. Laut einer repräsentativen Umfrage vom Mai 2023 glaubt zwar eine Mehrheit der Befragten, dass die Sanktionen der deutschen Wirtschaft stärker schaden als der russischen (was angesichts der ökonomischen Daten falsch ist). „Trotzdem sind 84 Prozent von ihnen der Meinung, die Sanktionen erfüllten ihren Zweck."[2] Eine weitere Umfrage aus dem Juni 2023 belegt, dass in Europa zumindest 41 Prozent der Befragten bereit wären, im Falle einer Auseinandersetzung mit China Sanktionen zu verhängen – auch wenn diese der Wirtschaft des Westens „ernsthaften Schaden" zufügen könnten.[3]

Außerdem geht in der aufgeheizten öffentlichen Debatte gelegentlich unter, dass Sanktionen stets mit anderen Mitteln einhergehen. Zwangsmittel stehen nicht im Widerspruch zu diplomatischen Verhandlungen. Ganz im Gegenteil: Durch ihren wirtschaftlichen Druck steigern Sanktionen häufig die Gesprächsbereitschaft des Gegenübers und legen damit das Fundament für ernsthafte Verhandlungen.[4] Dass zwischen den USA und vielen Sanktionszielen, zum Beispiel Kuba und Iran, oft völlige Funkstille herrscht, ist daher nicht hilfreich. Sanktionen dienen dann nicht als Anreiz für einen Kurswechsel, sondern ausschließlich als Strafe. Schließlich müssen wir uns David Baldwins „Auswahllogik" in Erinnerung rufen: Der außenpolitische Werkzeugkasten ist nicht prall gefüllt, westlichen Regierungen steht nur eine begrenzte Anzahl von Instrumenten zur Verfügung, um auf Normverletzungen reagieren zu können. Bei der Bewertung von Sanktionen müssen wir deswegen stets die Frage stellen: Wie sinnvoll sind alternative Strategien wie ein militärischer Einsatz oder gar nicht zu reagieren? Auch Nichtstun kann hohe Kosten nach sich ziehen.

Es gibt viele Fälle, in denen Sanktionen eingesetzt werden könnten. Dennoch gilt zugespitzt: Sanktionen werden oft zu schnell, aber dann mit zu geringer Sorgfalt verhängt.[5] Zum einen bieten westliche Zwangsmittel zahlreiche Schlupflöcher. Bis zum Beginn des vollständigen russischen Angriffs auf die Ukraine war das Umschiffen von Sanktionen in Deutschland und Europa kaum ein Thema. Erst jetzt gehen die europäischen Regierungen das Problem ernsthaft an. Zu den Schattenseiten gehört ebenfalls, dass umfassende und oft sogar zielgerichtete Strafen die Bevölkerung in den Zielstaaten direkt treffen. Arme Schichten leiden dabei am stärksten.

Das hat auch mit dem vorwiegend amerikanischen Ansatz zu tun: Washington betrachtet Sanktionen oft als Strafe, die möglichst großen Schaden anrichten soll. Die Vereinigten Staaten und ihre Partner im Westen könnten ihre Zwangsmittel aber sehr viel strategischer als Faustpfand nutzen und diese schrittweise lockern, wenn das Sanktionsziel klar definierte und erfüllbare Zwischenschritte geht. Der wirtschaftliche Druck würde damit der sanktionierten Regierung stärkere Anreize bieten, ihren Kurs zu verändern.

Druck von außen muss dabei nicht unbedingt paternalistisch sein. Einen nachdenkenswerten Ansatz für die Verhängung von „Demokratiesanktionen“ schlagen Nikolay Marinov und Shmuel Nili vor.[6] Für die Autoren sind Sanktionen zum Schutz der Menschenrechte und für demokratische Reformen am ehesten gerechtfertigt, wenn „legitime nationale Akteure“ im Zielstaat sie als Unterstützung ihrer Sache begreifen und verlangen, dass sie verhängt werden.[7] In Simbabwe war die Opposition in dieser Frage zwar uneins, aber es gab zu Beginn der 2000er-Jahre gewichtige Stimmen, die Sanktionen gegen das Mugabe-Regime forderten. Westliche Regierungen sollten zudem auf unterschiedlich gravierende Situationen abgestuft reagieren. Die schlimmsten Normbrüche – in diesem Fall ein Militärputsch – hätten die schmerzhaftesten Antworten zur Folge, während stabile Diktaturen nur bei schwerwiegenden Menschenrechtsverstößen mit Sanktionen belegt würden.

15 Wie weiter mit Sanktionen? Sieben Empfehlungen

Es ist absehbar: In Washington, London, Berlin, aber auch in Peking, werden Sanktionen als Instrument der Außenpolitik noch beliebter werden und politisch Verantwortliche noch schneller zu wirtschaftlichen Strafen greifen. Vor allem in drei Bereichen müssen wir weitere Zwangsmittel erwarten: Bei der Unterbrechung von internationalen Finanzströmen, der Lieferung von Hochtechnologien und den individuellen Sanktionen gegen Personen und Organisationen. Die Vereinigten Staaten und China werden ihre Großmachtkonkurrenz zunehmend mit Sanktionen und Exportkontrollen ausfechten, der russische Angriffskrieg gegen die Ukraine und die Reaktion des Westens den Trend zu mehr Sanktionen weiter befeuern.

Es ist deswegen umso wichtiger, dass die Anwendung von Sanktionen klaren Grundregeln folgt. Aufbauend auf meiner Forschung und den Arbeiten anderer Sanktionsforscherinnen und -forscher schlage ich hier sieben Prinzipien vor, die die Sanktionspolitik des Westens in Zukunft leiten sollten.

Erstens sollten wir Sanktionen als letztes und nicht als erstes Mittel begreifen. In schwerwiegenden Fällen wie Russlands Angriff auf die Ukraine oder den kriminellen Handlungen der Regierungen Nordkoreas und Syriens, die offensichtlich am internationalen Waffen- und Drogenhandel beteiligt sind, führt kein Weg an hartem wirtschaftlichem Zwang vorbei. In anderen Fällen müssen wir uns dagegen fragen, ob Sanktionen die beste Reaktion sind. 2020 beschloss die Trump-Regierung, individuelle Sanktionen gegen einige Offizielle aus Hongkong zu verhängen, um gegen die Niederschlagung der dortigen Demokratiebewegung zu protestieren. Im März 2021 belegte die EU wiederum vier chinesische Politiker und eine Organisation wegen Menschenrechtsverstößen gegen die uigurische Bevölkerung in der Region Xinjiang mit Einreiseverboten und verbot jeden wirtschaftlichen Austausch mit ihnen.[1] Selbstverständlich ist der Einsatz für Demokratie und Menschenrechte ein wichtiges Ziel westlicher Außenpolitik. Jedoch dürften die wenigen Listungen in diesem Fall weder als Druckmittel noch als Zeichen an die chinesische Regierung einen großen Unterschied machen.[2]

Der immer eiligere Griff zu Sanktionen spiegelt einen beunruhigenden Trend wider. Dies bezieht sich auf die schiere Zahl der verhängten Strafen, die wieder zunehmende Härte der Zwangsmittel und die rasant wachsenden US- und EU-Sanktionslisten mit gesperrten Personen, Organisationen und Firmen. Der scharfzüngige Sanktionsexperte Daniel Drezner aus den USA bezeichnete sein Heimatland bereits 2021 als „sanctions-happy".[3] Die Sanktionen gegen Russland können dazu führen, dass westliche Staaten und vor allem die EU in Zukunft noch selbstverständlicher zu Zwangsmitteln greifen. Außerdem haben die gescheiterte Mission und die Machtübernahme der Taliban in Afghanistan die Gefahren militärischer Interventionen dramatisch ins Licht der Aufmerksamkeit gerückt. Wirtschaftlicher Druck erscheint dagegen als ein Mittel mit geringen Kosten. Wenn militärische Interventionen weitgehend ausgeschlossen sind, droht der Sanktionshunger im Westen weiter zu wachsen.

Schließlich wird auch Chinas Kommunistische Partei unter Xi Jinping noch selbstbewusster auf wirtschaftlichen Zwang setzen. Es wird deswegen auch darum gehen, sich gegen wirtschaftlichen Druck von außen zu wappnen. Einen ersten Schritt ist die EU mit ihrem „Anti-Coercion Instrument" für die Abwehr von wirtschaftlichem Zwang gegangen. Um einer Eskalationslogik zu entgehen, sollten westliche Regierungen

Wirtschaftssanktionen nur sparsam anwenden. Sie sind ein wichtiges Mittel der Außenpolitik, aber kein Wundermittel.[4]

Zweitens sollten westliche Sanktionsmächte große Koalitionen schmieden, damit die Zwangsmittel möglichst wirksam und legitim sind. Je mehr Länder sich beteiligen, desto schwerer fällt es Sanktionszielen – seien es Staaten, Firmen, Terroristen oder politisch Verantwortliche –, die Beschränkungen zu umgehen. Die EU mit ihren 27 Mitgliedsstaaten und dem Einstimmigkeitsprinzip macht insgesamt eine überraschend gute Figur. Dagegen sind „die Tage der unilateralen US-Sanktionen gezählt".[5] Weil der Weltsicherheitsrat wie im Kalten Krieg blockiert ist und vor allem im globalen Süden zahlreiche Staaten Sanktionen ohne UN-Mandat rundweg ablehnen, müssen Washington, Brüssel und Berlin in Zukunft noch sehr viel mehr aufbieten, um informelle Bündnisse über den Kreis der „üblichen Verdächtigen" hinaus zusammenzubekommen.

Drittens müssen westliche Regierungen ihre Zwangsmittel besser erklären. Sanktionen üben eben nicht nur wirtschaftlichen Druck aus – sie sind immer auch Machtmittel und kommunizieren: „Ihr gehört nicht dazu!" Damit sie als Anreize wirken, müssen die mit Sanktionen verbundenen Forderungen erfüllbar sein und Sanktionsmächte ihre Zwangsmittel bei einem Kurswechsel tatsächlich lockern. Die von US-Präsident Trump verfolgte „Maximum Pressure Campaign" gegen Iran hat dagegen bei Amerikas Gegnern und Verbündeten gleichermaßen Schaden angerichtet. Sie bestätigte den Argwohn sowohl bei Regierungen als auch in der Bevölkerung im globalen Süden, dass die internationalen Regeln vor allem dem Westen dienen und dessen Regierungen genau auswählen, wen sie mit ihren Strafmaßnahmen treffen. Trotz vieler Unterschiede – auch zwischen den Ländern des globalen Südens – sollten die handelnden Akteure in den USA und Europa die Wahrnehmung in Staaten wie Indien und Brasilien noch besser zu verstehen suchen. In der Reaktion auf Russlands Angriffskrieg ist das teilweise gelungen. So waren beim G7-Gipfel 2022 in Elmau neben der Ukraine die „Partnerstaaten" Indien, Südafrika, Indonesien, Argentinien und Senegal dabei. Ein Jahr später lud Gastgeber Japan unter anderem Indien, Brasilien, Indonesien und Vietnam ein. Weitere Initiativen sollten folgen.

Viertens müssen wir akzeptieren, dass Sanktionen mit Kosten für die eigene Wirtschaft verbunden sind, wenn sie glaubwürdig sein sollen. Glaubwürdigkeit ist ein hohes Gut, gleichwohl behalten die Regierungen in den westlichen Hauptstädten immer auch die eigenen Kosten im Blick: Sie belegen politische und wirtschaftliche Schwergewichte wie China und Saudi-Arabien, aber auch geostrategische Partner wie Ägypten seltener mit Strafmaßnahmen als andere. Diese können zurückschlagen und den Westen empfindlich treffen, sei es mit knapperen Lieferungen von Öl und seltenen Erden oder Nachteilen für deutsche Großkonzerne wie Volkswagen, Mercedes-Benz und BASF. Grundsätzlich ist dieser Zwiespalt verständlich, Washington, Brüssel und Berlin sollten ihn aber öffentlich klar benennen. Um ihre Glaubwürdigkeit zu sichern, kommen westliche Regierungen außerdem nicht umhin, im Zweifel auch „Freunde" und Wirtschaftspartner in den Blick und eigene Kosten in Kauf zu nehmen. Schließlich fangen Strafmaßnahmen zu Hause an: Westliche Regierungen müssen verhindern, dass heimische Unternehmen tricksen und die Beschränkungen umgehen. Es ist nicht glaubwürdig, wenn spanische, französische und niederländische Konzerne ungehindert in Indien raffiniertes russisches Öl im großen Stil kaufen und damit die Absicht der westlichen Sanktionen unterlaufen.

Fünftens sollten westliche Regierungen das Ende ihrer Zwangsmittel von Anfang an mitdenken und Ausstiegsszenarien entwickeln.[6] Mehr als zwei Drittel aller von den Vereinten Nationen, den USA, der EU und weiteren Regionalorganisationen seit 1990 verhängten Sanktionen waren Ende 2018 bereits wieder aufgehoben. In fast der Hälfte der Fälle stellte sich das Sanktionsziel stur und änderte sein Verhalten nicht.[7] Das heißt, dass zahlreiche der aufgehobenen Zwangsmittel nicht zum Erfolg führen. Einmal verhängte Sanktionen sind jedoch oft langlebig. Politisch Verantwortliche gestehen ungern öffentlich ein, dass ihr Ansatz gescheitert ist. Erfolglose Sanktionen zu beenden wirkt oft nicht nur wie ein Einknicken, sondern schnell auch wie eine implizite Unterstützung des Sanktionsziels. Wie kann der Westen mit einem vormals sanktionierten Diktator wieder Handel treiben? Wegen dieser politischen Kosten laufen selbst wirkungslose Sanktionen häufig weiter.

Washington, London, Brüssel und Berlin sollten sich aber immer die Frage stellen: Taugen die Zwangsmittel noch? Die Verantwortlichen sollten deshalb von Anfang an eindeutige Meilensteine festlegen und „Sonnenuntergangs-Klauseln", also Verfallsdaten, einbauen: Die Strafmaßnahmen laufen nach einem halben oder ganzen Jahr automatisch aus, wenn sie nicht verlängert werden. Das ist in der EU bereits gängige Praxis. Jedoch erweisen sich auch die Zwangsmittel der Union als erstaunlich „klebrig" – einmal beschlossene Maßnahmen verlängern die 27 Mitgliedsstaaten in der Regel, häufig, ohne deren Effekte genau zu prüfen. Oft formulieren sie ihre Forderungen eher vage. Ein Beispiel: Sie verlangen „die Rückkehr zur demokratischen Ordnung". In Zukunft sollten sehr viel genauere Schritte benannt werden, die die sanktionierte Regierung, das Unternehmen oder die gelistete Person gehen muss, um die Sanktionen wieder loszuwerden.

Sechstens sollten sich die politisch Verantwortlichen über die Schattenseiten der Zwangsmittel im Klaren sein. Harte Sanktionen schaffen immer ein humanitäres Dilemma: Je schmerzhafter ihr Druck ausfällt, desto eher trifft er die Ärmsten, die oft die Politik ihrer autokratischen Regierung gar nicht beeinflussen können.[8] Die humanitären Ausnahmen für Lebensmittel und Medikamente oder bei dramatischen Krisenfällen wie dem verheerenden Erdbeben in Nordsyrien (und der Südtürkei) im Frühjahr 2023 haben diesen Trend nicht umkehren können. Zwar sind umfassende Druckmittel im Durchschnitt erfolgreicher als einzelne Maßnahmen, aber auch ihre Bilanz fällt gemischt aus. In Staaten wie Nordkorea fehlt schlicht ein „Transmissionsriemen", der durch wirtschaftliche Kosten einen politischen Kurwechsel erzwingen könnte, sei es durch Spaltungen der Elite oder Massenproteste. Die Strafmaßnahmen des Westens sollten deswegen vor allem auf politisch Verantwortliche, ihre Helfer und ausgewählte Wirtschaftsbereiche zielen. Umfangreiche Zwangsmittel sollten Extremfällen wie Russlands Angriffskrieg oder der brutalen Gewalt in Syrien vorbehalten bleiben.

Siebtens müssen beschlossene Instrumente besser umgesetzt werden, sonst bleiben Sanktionen bloße Ankündigungen. Wie wir gesehen haben, nutzen Sanktionierte alle Tricks, um dem wirtschaftlichen Druck zu entgehen. Bei prominenten Fällen wie den Zwangsmitteln gegen Russland und Iran wenden sich die Sanktionsmächte deswegen häufig zunächst direkt gegen eine Regelverletzung wie den russischen Überfall auf die Ukraine oder das Atomprogramm und die brutale Niederschlagung von Protesten in Iran. Im zweiten Schritt gehen die Sanktionierenden dann gegen Schmuggel und Schleichwege um die Strafen herum vor. Die EU ist dabei noch nie so energisch gewesen wie bei den Sanktionen gegen Russland.

Trotzdem ist es erstaunlich, wie viel noch zu tun ist. Mit dem Brexit hat die Union ihre mächtigste Sanktions-Verwaltung verloren. Nur langsam holen andere wie Frankreich, aber auch die Niederlande oder Tschechien – die ihre Sanktionsabteilungen ausbauen – auf.

Was heißt das nun für Deutschland? Wir müssen unsere eigenen Hausaufgaben machen. Für die Exportkontrolle, auch für Waffenexporte, ist unter anderem das Bundesamt für Wirtschaft und Ausfuhrkontrolle (BAFA) zuständig. Das BAFA ist eine von sechs Behörden, die dem von Robert Habeck geführten Ministerium für Wirtschaft und Klimaschutz unterstehen. Dann gibt es den Zoll und die Behörden der Bundesländer. Es braucht eindeutige Zuständigkeiten und Behörden müssen in der Lage sein, die verschlungenen Eigentumsverhältnisse von sanktionierten Personen und Firmen aufzudecken. Die Bundesregierung hat das erkannt und die „Sanktionsdurchsetzungsgesetze“ 1 und 2 auf den Weg gebracht, Finanzminister Christian Lindner will ein „Bundesfinanzkriminalamt“ schaffen. Schon die langen Namen zeigen, wie kompliziert das wird. Sanktionen wirkungsvoller durchzusetzen erfordert einen langen Atem.

Die internationale Politik droht in den kommenden Jahren noch stürmischer und frostiger zu werden. In der Polykrise sind internationale Machtkonkurrenz und eine Kette von miteinander verwobenen Krisen der neue Normalzustand. Ob wir wollen oder nicht, Sanktionen werden in diesem Umfeld eine bedeutende Rolle spielen. Sie sind Machtmittel und Ordnungsstifter zugleich. Wichtig ist, dass westliche Regierungen ihre Zwangsmittel – wenn sie schon nötig sind – sparsam und zielgerichtet einsetzen.

Dank

Es ist ein schönes Gefühl, all jenen Kolleginnen und Kollegen und Freunden zu danken, die mich bei diesem Buchprojekt zu Sanktionen unterstützt oder sich auch nur dafür interessiert und nach den Fortschritten erkundigt haben. Das war ein Ansporn und eine große Hilfe. Viele habe ich sicher mit meinem Projekt und der Frage, was sie über Sanktionen denken, gepeinigt, aber das Feedback war unglaublich hilfreich.

Ganz herzlich möchte ich mich bei Jens Seeling und Christin Bergmann von Frankfurter Allgemeine Buch für den regelmäßigen Austausch, die Tipps und das Lektorat des Textes bedanken. Das hat das Manuskript besser gemacht. Jens Seeling kontaktierte mich mit seiner Anfrage für ein Sachbuch zu internationalen Sanktionen genau in dem Moment, als ich an dem Exposé für ein solches Buch saß. Das hat hervorragend gepasst, herzlichen Dank für die Zusammenarbeit.

Mein Arbeitgeber, das German Institute for Global and Area Studies / Leibniz-Institut für Globale und Regionale Studien (GIGA) in Hamburg, hat das Projekt von Anfang an unterstützt. Bedanken möchte ich mich bei den Studierenden in meinen Seminaren am Institut für Politikwissenschaft der Universität Göttingen für die Anregungen und besonders bei meinen Kolleginnen und Kollegen im GIGA-Forschungsschwerpunkt Frieden und Sicherheit, den ich leite. Die Forschung am GIGA zu Sanktionen, die ich mit einem ersten größeren Projekt 2011 gestartet habe, hat sich hervorragend entwickelt. Ein Riesendank vor allem an meine Kolleginnen Julia Grauvogel und Hana Attia für den häufigen Austausch und die Anregungen. Die Diskussionen, das Feedback, ihre Analysen und die Arbeit an gemeinsamen Publikationen sind sehr bereichernd. Hana Attia hat zudem die Grafiken für dieses

Buch erstellt. Sie zeigen sehr deutlich die schnell zunehmende Anwendung von Sanktionen – herzlichen Dank.

Sehr dankbar bin ich auch Patrick Weber, der Einleitung, Fazit und Empfehlungen – selbst auf dem Weg in den Urlaub – genau gelesen und zahlreiche Verbesserungsvorschläge gemacht hat (fast alle übernommen). Thies Niemeier von der Universität Konstanz hat die Wirkung von Sanktionsdrohungen in Kapitel 4 berechnet, mein Bruder Tilmann von Soest weitere Teile des Manuskripts – vor allem zu psychologischen Aspekten – kommentiert und damit verbessert. Dafür bin ich sehr dankbar.

Ich widme dieses Buch meiner Familie: Bettine, Greta und Jonah, der regelmäßig nachgefragt hat, ob es vorangeht.

Weiterführende Literatur

Hier gebe ich Buchempfehlungen – viele aktuelle Forschungsergebnisse werden in Fachzeitschriftenartikeln veröffentlicht.

Allgemein zu Sanktionen

Baldwin, David A. *Economic Statecraft*. New Edition. Princeton, NJ: Princeton University Press, 2020. [Neuauflage eines Klassikers zum Einsatz wirtschaftlicher Zwangsmittel]

Biersteker, Thomas J., Sue E. Eckert, und Marcos Tourinho, Hrsg. *Targeted Sanctions. The Impacts and Effectiveness of United Nations Action*. Cambridge: Cambridge University Press, 2016. [UN-Sanktionen]

Demarais, Agathe. *Backfire: How Sanctions Reshape the World Against U.S. Interests*. New York, NY: Columbia University Press, 2022. [US-Sanktionen]

Escribà-Folch, Abel, und Joseph Wright. *Foreign Pressure and the Politics of Autocratic Survival*. New York, NY: Oxford University Press, 2015. [Autoritäre Regime und (Sanktions-) Druck von außen]

Farrell, Henry, und Abraham Newman. *Underground Empire: How America Weaponized the World Economy*. London: Allen Lane, 2023. [Wirtschaftliche Verbindungen als (Sanktions-)Waffe]

Mulder, Nicholas. *The Economic Weapon: The Rise of Sanctions as a Tool of Modern War*. New Haven, NJ/London: Yale University Press, 2022. [Geschichte der Sanktionen vom Ersten bis zum Zweiten Weltkrieg]

Finanzsanktionen

McDowell, Daniel. *Bucking the Buck: US Financial Sanctions and the International Backlash against the Dollar*. New York, NY: Oxford University Press, 2023.

Zarate, Juan C. *Treasury's War: The Unleashing of a New Era of Financial Warfare*. New York, NY: PublicAffairs, 2013.

Technologiewettlauf

Miller, Chris. *Chip War: The Fight for the World's Most Critical Technology*. New York, NY: Scribner, 2022.

Ukraine und Russland

Belton, Catherine. *Putins Netz – Wie sich der KGB Russland zurückholte und dann den Westen ins Auge fasste.* Hamburg: HarperCollins, 2022.

Sasse, Gwendolyn. *Der Krieg gegen die Ukraine*. München: C.H. Beck, 2022.

Thumann, Michael. *Revanche. Wie Putin das bedrohlichste Regime der Welt geschaffen hat.* München: C.H.Beck, 2023.

Nachweise und Anmerkungen

Das Zeitalter der Sanktionen

1 Gabriel Felbermayr u. a., „The Global Sanctions Data Base", *European Economic Review* 129 (2020): 5, Abbildung 1, https://doi.org/10.1016/j.euroecorev.2020.103561.

2 Idriss Jazairy, „One Third of Humanity Lives in Countries Subjected to Unilateral Coercive Measures, UN Rights Expert Says" (New York, NY: Office of the United Nations High Commissioner for Human Rights (OHCHR), 26. Oktober 2015), https://www.ohchr.org/en/press-releases/2015/10/one-third-humanity-lives-countries-subjected-unilateral-coercive-measures-un.

3 Department of the Treasury, „The Treasury 2021 Sanctions Review" (Washington, DC: Department of the Treasury, 2021), 1, https://home.treasury.gov/system/files/136/Treasury-2021-sanctions-review.pdf.

4 Europäische Kommission, „EU Sanctions Map", 26. April 2023, https://www.sanctionsmap.eu/#/main.

5 Felbermayr u. a., „The Global Sanctions Data Base".

6 Gary Clyde Hufbauer u. a., *Economic Sanctions Reconsidered*, 3rd edition (Washington, DC: Peterson Institute of International Economics, 2007), ix, 67–68.

1 Warum überhaupt Sanktionen?

1 Thomas Hobbes, *Leviathan* (Oxford: Oxford University Press, 1996), XIII.

2 Özgür Gürerk, Bernd Irlenbusch, und Bettina Rockenbach, „The Competitive Advantage of Sanctioning Institutions", *Science* 312, Nr. 5770 (2006): 108–11, https://doi.org/10.1126/science.1123633.

3 Joseph Henrich u. a., „Costly Punishment Across Human Societies", *Science* 312, Nr. 5781 (2006): 1767–70, https://doi.org/10.1126/science.1127333.

4 Siehe das klassische Buch „Social Learning Theory", Albert Bandura, *Social Learning Theory* (Englewood Cliffs, NJ: Prentice Hall, 1977).

5 Richard H. Thaler und Cass R. Sunstein, *Improving Decisions about Health, Wealth and Happiness* (New Haven, CT: Yale University Press, 2008).

6 Bernd-Dieter Meier, „What works? – Die Ergebnisse der neueren Sanktionsforschung aus kriminologischer Sicht", *JuristenZeitung* 65, Nr. 3 (2010): 112–20, https://doi.org/10.1628/002268810790720611.

7 Gerhard Hafner, „Völkerrechtliche Grenzen und Wirksamkeit von Sanktionen gegen Völkerrechtssubjekte“, *Zeitschrift für ausländisches öffentliches Recht und Völkerrecht* 76 (2016): 392.

8 Hafner, 398.

2 Die Geschichte internationaler Sanktionen: Von der Antike bis Donald Trump

1 Siehe David A. Baldwin, *Economic Statecraft*, new edition (Princeton, NJ: Princeton University Press, 2020), 155–59; Hufbauer u. a., *Economic Sanctions Reconsidered*, 9–10.

2 Zitiert in: Hufbauer u. a., *Economic Sanctions Reconsidered*, 1.

3 Nicholas Mulder, *The Economic Weapon: The Rise of Sanctions as a Tool of Modern War* (New Haven, NJ/London: Yale University Press, 2022), 202–25.

4 Mulder, 226–33, 242–49.

5 Robert D. Blackwill und Jennifer M. Harris, *War by Other Means: Geoeconomics and Statecraft* (Cambridge, MA: Harvard University Press, 2016), 172, 59.

6 Blackwill und Harris, *War by Other Means*.

7 Oona A. Hathaway und Scott J. Shapiro, *The Internationalists: How a Radical Plan to Outlaw War Remade the World* (New York, NY: Simon & Schuster, 2017), xvii.

8 Hathaway und Shapiro, 421.

9 David Cortright und George A. Lopez, Hrsg., *The Sanctions Decade: Assessing UN Strategies in the 1990s* (Boulder, CO: Lynne Rienner Publishers, 2000).

10 Juan C. Zarate, *Treasury's War: The Unleashing of a New Era of Financial Warfare* (New York, NY: PublicAffairs, 2013).

11 Department of the Treasury, „The Treasury 2021 Sanctions Review“, 1.

12 Felbermayr u. a., „The Global Sanctions Data Base“.

13 Blackwill und Harris, *War by Other Means*.

14 Blackwill und Harris, 152.

15 Felbermayr u. a., „The Global Sanctions Data Base“.

3 „Die“ Sanktionen gibt es nicht

1 Margaret P. Doxey, *International Sanctions in Contemporary Perspective*, 2nd revised edition (Houndmills: Macmillan, 1996), 9.

2 Christian von Soest und Michael Wahman, „Are Democratic Sanctions Really Counterproductive?“, *Democratization* 22, Nr. 6 (2015): 957–80, https://doi.org/10.1080/13510347.2014.888418.

3 Thomas J. Biersteker, Marcos Tourinho, und Sue E. Eckert, „Thinking about United Nations Targeted Sanctions“, in *Targeted Sanctions. The Impacts and Effectiveness of United Nations Action*, hg. von Thomas Biersteker, Sue E. Eckert, und Marcos Tourinho (Cambridge: Cambridge University Press, 2016), 25.

4 Christian von Soest, Deborah Haffner, und Jonas Sell, „Nebenwirkungen von Sanktionen. Kulturelle Beziehungen mit Iran, Kuba, Russland und Belarus“, ifa-Edition Kultur und Außenpolitik (Stuttgart: Institut für Auslandsbeziehungen (ifa), 2016), 27, https://media.ifa.de/Zeitschriften-und-Editionen/ifa-Edition-Kultur-und-Aussenpolitik/Nebenwirkungen-von-Sanktionen.html.

5 Christian von Soest, „Individual Sanctions: Toward a New Research Agenda“, *CESifo Forum* 20, Nr. 4 (2019): 28–31.

6 C4ADS, „Sanctions Explorer“, Sanctions Explorer – C4ADS, 13. Juli 2023, https://sanctionsexplorer.org/analytics.

7 Henry Farrell und Abraham L. Newman, „Weaponized Interdependence: How Global Economic Networks Shape State Coercion“, *International Security* 44, Nr. 1 (2019): 42–79, https://doi.org/10.1162/isec_a_00351.

4 Auf den Schmerzknopf drücken

1 Hufbauer u. a., *Economic Sanctions Reconsidered*, zusammenfassend ix, 67-68.

2 Robert A. Pape, „Why Economic Sanctions Do Not Work“, *International Security* 22, Nr. 2 (1997): 90–136, https://doi.org/10.2307/2539368.

3 Europäischer Rat, „EU verabschiedet neues Maßnahmenpaket als Reaktion auf die militärische Aggression Russlands gegen die Ukraine“, 28. Februar 2022, https://www.consilium.europa.eu/de/press/press-releases/2022/02/28/eu-adopts-new-set-of-measures-to-respond-to-russia-s-military-aggression-against-ukraine/.

4 Julia Grauvogel, Amanda A. Licht, und Christian von Soest, „Sanctions and Signals: How International Sanction Threats Trigger Domestic Protest in Targeted Regimes“, *International Studies Quarterly* 61, Nr. 1 (2017): 86–97, https://doi.org/10.1093/isq/sqw044.

5 Jeffrey Sonnenfeld u. a., „Business Retreats and Sanctions Are Crippling the Russian Economy“, SSRN Scholarly Paper (Rochester, NY, 2022), https://doi.org/10.2139/ssrn.4167193.

6 Caspar Busse, „Der Westen muss die Sanktionen durchsetzen – zur Not mit Strafen", Süddeutsche.de, 5. Juni 2023, https://www.sueddeutsche.de/wirtschaft/russland-sanktionen-wirtschaft-ukraine-krieg-1.5902383; Thiemo Heeg und Uwe Marx, „Ehrmann und das große Schweigen im Ukraine-Krieg: Russland-Geschäfte", *FAZ.NET*, 10. Juli 2023, https://www.faz.net/aktuell/wirtschaft/unternehmen/ehrmann-und-das-grosse-schweigen-im-ukraine-krieg-russland-geschaefte-19015485.html.

7 Berechnung von Thies Niemeier mit Daten von Patrick M. Weber und Gerald Schneider. Thies Niemeier, „Review: The Economic Weapon: The Rise of Sanctions", Freiheit|Macht|Politik, 1. März 2023, https://www.freiheitmacht-politik.de/buecher/the-economic-weapon-the-rise-of-sanctions-as-a-tool-of-modern-war/; Patrick M. Weber und Gerald Schneider, „Post-Cold War Sanctioning by the EU, the UN, and the US: Introducing the EUSANCT Dataset", *Conflict Management and Peace Science* 39, Nr. 1 (2022): 97–114, https://doi.org/10.1177/0738894220948729.

8 Abel Escribà-Folch und Joseph Wright, *Foreign Pressure and the Politics of Autocratic Survival* (New York, NY: Oxford University Press, 2015), 78–80, Kapitel 5.

9 Colum Lynch, „'It Was Like Having the Chinese Government in the Room With Us'", *Foreign Policy* (blog), 2021, https://foreignpolicy.com/2021/10/15/china-sanctions-north-korea-hardball/; Michelle Nichols, „Exclusive: G7, Others Ask China to Stop North Korea Sanctions Evasion in Its Waters", *Reuters*, 21. Juli 2023, https://www.reuters.com/world/asia-pacific/g7-others-ask-china-stop-north-korea-sanctions-evasion-its-waters-2023-07-21/; zwei Dokumentarfilme zeichnen die Strategien des Regimes in Nordkorea und der Schmugglernetzwerke nach: „Der Maulwurf – Undercover in Nordkorea", *ZDFinfo*, 11. Oktober 2020, https://www.zdf.de/uri/94934539-2afa-402d-9254-63234e1d2840; „North Korea and the triads: gangsters, ghost ships and spies", *FT Films, Financial Times*, 31. März 2023, https://www.ft.com/video/3a6c06ee-14b7-4d6f-8b08-08cdd947c0a7.

10 Jason Burke und Nyasha Chingono, „Zimbabwean MDC Activists ‚Abducted and Sexually Assaulted'", *The Guardian*, 17. Mai 2020, https://www.theguardian.com/world/2020/may/17/zimbabwean-mdc-activists-abducted-and-sexually-assaulted; Amnesty International, „Zimbabwe: Persecution of Tortured Female Opposition Leaders Continues as They Are Denied Bail", Amnesty International, 15. Juni 2020, https://www.amnesty.org/en/latest/news/2020/06/zimbabwe-persecution-of-tortured-female-opposition-leaders-continues-as-they-are-denied-bail/.

11 Ivan Szelenyi und Tamás Csillag, „Drifting from Liberal Democracy. Neo-Conservative Ideology of Managed Illiberal Democratic Capitalism in Post-Communist Europe", *Intersections* 1, Nr. 1 (2015): 18–48, https://doi.org/10.17356/ieejsp.v1i1.28.

12 Human Rights Watch, „Cracking Down on Civil Society in Belarus“ (Minsk: Human Rights Watch, 1997), https://www.hrw.org/news/1997/07/30/cracking-down-civil-society-belarus.

13 Dursun Peksen und A. Cooper Drury, „Coercive or Corrosive: The Negative Impact of Economic Sanctions on Democracy“, *International Interactions* 36, Nr. 3 (2010): 240–64, https://doi.org/10.1080/03050629.2010.502436; Reed M. Wood, „"A Hand upon the Throat of the Nation": Economic Sanctions and State Repression, 1976–2001“, *International Studies Quarterly* 52 (2008): 489–513.

14 von Soest und Wahman, „Are Democratic Sanctions Really Counterproductive?“

5 Wann Sanktionen erfolgreich sind: Südafrika, Libyen und Iran

1 Siehe eingehende Analysen in Neta C. Crawford und Audie Klotz, Hrsg., *How Sanctions Work: Lessons from South Africa* (New York, NY: St. Martin's, 1999); Lee Jones, *Societies Under Siege: Exploring How International Economic Sanctions (Do Not) Work* (Oxford: Oxford University Press, 2015), 52–92.

2 Jones, *Societies Under Siege*, 67.

3 David R. Black, „"Not Cricket": The Effects and Effectiveness of the Sport Boycott“, in *How Sanctions Work: Lessons from South Africa*, hg. von Neta C. Crawford und Audie Klotz (New York: St. Martin's Press, 1999), 213–31.

4 Jones, *Societies Under Siege*, 87–90.

5 Siehe Darstellung in Christopher A. Whytock und Bruce W. Jentleson, „Who ‚Won' Libya? The Force-Diplomacy Debate and Its Implications for Theory and Policy“, *International Security* 30, Nr. 3 (2005): 47–86; Tim Niblock, *„Pariah States" and Sanctions in the Middle East: Iraq, Libya, Sudan* (Boulder, CO: Lynne Rienner Publishers, 2002); Agathe Demarais, *Backfire: How Sanctions Reshape the World Against U.S. Interests* (New York, NY: Columbia University Press, 2022), 35–37.

6 Demarais, *Backfire*, 37.

7 Zitiert in: Whytock und Jentleson, „Who ‚Won' Libya?“, 78.

8 Die Darstellung der Sanktionen gegen Iran folgt eng von Soest, Haffner, und Sell, „Nebenwirkungen von Sanktionen. Kulturelle Beziehungen mit Iran, Kuba, Russland und Belarus“, 16–17.

9 Gary Clyde Hufbauer u. a., „Case Studies in Economic Sanctions and Terrorism. Iran – Case 79-1 [PDF] and Cases 84-1 and 2006-1 [PDF]“ (Washington, DC: Peterson Institute for International Economics (PIIE), 2008), https://www.piie.com/commentary/speeches-papers/case-studies-economic-sanctions-and-terrorism.

10 Gary Samore, „Sanctions Against Iran: A Guide to Targets, Terms, and Timetables“ (Cambridge, MA: Belfer Center for Science and International Affairs, Harvard Kennedy School, 2015).

11 Europäischer Rat, „Iran: Restriktive Maßnahmen der EU“, Europäischer Rat, 25. Juli 2023, https://www.consilium.europa.eu/de/policies/sanctions/iran/.

12 Europäischer Rat, Iran: Restriktive Maßnahmen der EU, https://www.consilium.europa.eu/de/policies/sanctions/iran/.

13 Zitiert in: Saeed Kamali Dehghan, „Iranian President-Elect Rouhani Promises Better Relations with West“, *The Guardian*, 17. Juni 2013, https://www.theguardian.com/world/2013/jun/17/iran-hassan-rouhani-promises-moderation.

14 Farzan Sabet, „The Rouhani Presidency at Three“ (Washington, DC: Carnegie Endowment for International Peace, 2016), https://carnegieendowment.org/sada/64356.

15 Michael R. Pompeo, „Confronting Iran“, 5. Mai 2020, https://www.foreignaffairs.com/articles/middle-east/2018-10-15/michael-pompeo-secretary-of-state-on-confronting-iran.

16 Daniel W. Drezner, „How Not to Sanction“, *International Affairs* 98, Nr. 5 (2022): 1542, https://doi.org/10.1093/ia/iiac065.

6 Risiken und Nebenwirkungen: Wenn Sanktionen schaden

1 Peksen und Drury, „Coercive or Corrosive“; Wood, „"A Hand upon the Throat of the Nation": Economic Sanctions and State Repression, 1976–2001“.

2 Jerg Gutmann, Matthias Neuenkirch, und Florian Neumeier, „The Impact of Economic Sanctions on Target Countries: A Review of the Empirical Evidence“, *EconPol Forum Pre-Print* 3, Nr. 25 (2023), https://www.cesifo.org/DocDL/forum-2023-3-guttmann-neuenkirch-neumeier-sanctions-may.pdf.

3 Jerg Gutmann, Matthias Neuenkirch, und Florian Neumeier, „Sanctioned to Death? The Impact of Economic Sanctions on Life Expectancy and its Gender Gap“, *The Journal of Development Studies* 57, Nr. 1 (2021): 139–62, https://doi.org/10.1080/00220388.2020.1746277; Zoë Pelter, Camila Teixeira, und Erica Moret, „Sanctions and Their Impact on Children“, Discussion Paper (New York, NY: Office of Global Insight and Policy, United Nations Children's Fund (UNICEF), 2022), https://www.unicef.org/globalinsight/media/2531/file/%20UNICEF-Global-Insight-Sanctions-and-Children-2022.pdf.

4 Madeleine Albright, *Madam Secretary*, reprint edition (New York, NY: Perennial, 2013), 275; folgt der Darstellung bei Drezner, „How Not to Sanction“, 1537–38.

5 *Madeleine Albright Full 60 Minutes Interview*, 12. Mai 1996 (YouTube, 2021), https://www.youtube.com/watch?v=BToMeYHSRX0.

6 John Mueller und Karl Mueller, „Sanctions of Mass Destruction“, *Foreign Affairs*, 1. Mai 1999, http://www.foreignaffairs.com/articles/55009/john-mueller-and-karl-mueller/sanctions-of-mass-destruction.

7 Sarah Zaidi und Mary C. Smith Fawzi, „Health of Baghdad’s Children“, *The Lancet* 346, Nr. 8988 (1995): 1485, https://doi.org/10.1016/S0140-6736(95)92499-X.

8 M. M. Ali und I. H. Shah, „Sanctions and Childhood Mortality in Iraq“, *The Lancet* 355, Nr. 9218 (2000): 1851–57, https://doi.org/10.1016/S0140-6736(00)02289-3.

9 Tim Dyson und Valeria Cetorelli, „Changing Views on Child Mortality and Economic Sanctions in Iraq: A History of Lies, Damned Lies and Statistics“, *BMJ Global Health* 2, Nr. 2 (2017): 5, https://doi.org/10.1136/bmjgh-2017-000311.

10 Joy Gordon, „The Not So Targeted Instrument of Asset Freezes“, *Ethics & International Affairs* 33, Nr. 3 (2019): 303–14, https://doi.org/10.1017/S0892679419000315; Erica S. Moret, „Humanitarian Impacts of Economic Sanctions on Iran and Syria“, *European Security* 24, Nr. 1 (2015): 120–40, https://doi.org/10.1080/09662839.2014.893427; Erica Moret, „The Role of Sanctions in Afghanistan’s Humanitarian Crisis“, *IPI Global Observatory* (blog), 14. Oktober 2021, https://theglobalobservatory.org/2021/10/the-role-of-sanctions-in-afghanistans-humanitarian-crisis/.

11 Europäischer Rat, „Syrien: EU verhängt Sanktionen gegen den Drogenhandel zugunsten des Regimes“, Europäischer Rat, 24. März 2023, https://www.consilium.europa.eu/de/press/press-releases/2023/04/24/syria-eu-sanctions-drug-trade-benefitting-the-regime/.

12 Europäischer Rat, „Syrien: Sanktionen um ein weiteres Jahr verlängert“, Europäischer Rat, 31. Mai 2022, https://www.consilium.europa.eu/de/press/press-releases/2022/05/31/syria-council-extends-sanctions-against-the-regime-for-another-year/.

13 Department of the Treasury, „Syrian Sanctions Regulations 31 CFR part 542. General License No. 22: Authorizing Activities in Certain Economic Sectors in Non-Regime Held Areas of Northeast and Northwest Syria“ (Washington, DC: Office of Foreign Assets Control (OFAC), Department of the Treasury, 12. Mai 2022), https://home.treasury.gov/system/files/126/syria_gl22.pdf.

14 Tagesschau.de, „Nach Erdbeben in der Türkei und Syrien: ‚Es fehlt an allem‘“, tagesschau.de, 10. März 2023, https://www.tagesschau.de/ausland/asien/erdbeben-tuerkei-syrien-119.html.

15 Zeit Online, „Baschar al-Assad: EU lockert Sanktionen gegen Syrien für Erdbebenhilfe“, *Zeit Online*, 24. Februar 2023, https://www.zeit.de/politik/ausland/2023-02/baschar-al-assad-syrien-erdbeben-hilfe-eu-sanktionen-lockerung.

16 Department of State, „UN Security Council Adopts Resolution Establishing Humanitarian Carveout across UN Sanctions Regimes“, *United States Department of State* (blog), 9. Dezember 2022, https://www.state.gov/un-security-council-adopts-resolution-establishing-humanitarian-carveout-across-un-sanctions-regimes/.

17 Ministry for Foreign Affairs, „Ministry for Foreign Affairs Granted an Authorisation for Russian Fertiliser Cargo Stopped at Port of Kotka“, Ministry for Foreign Affairs Finland, 23. März 2023, https://um.fi/current-affairs/-/asset_publisher/gc654PySnjTX/content/ulkoministerio-myonsi-poikkeusluvan-kotkan-satamaan-pysaytetylle-venalaiselle-lannoitekuljetukselle/35732.

18 Johan Galtung, „On the Effects of International Economic Sanctions: With Examples from the Case of Rhodesia“, *World Politics* 19, Nr. 3 (1967): 378–416.

19 Karin Senz, „Wie der Iran auch ohne SWIFT Geschäfte macht“, tagesschau.de, 28. Februar 2022, https://www.tagesschau.de/wirtschaft/weltwirtschaft/swift-iran-101.html.

20 Julia Grauvogel und Christian von Soest, „Claims to Legitimacy Count: Why Sanctions Fail to Instigate Democratisation in Authoritarian Regimes“, *European Journal of Political Research* 53, Nr. 4 (2014): 635–53, https://doi.org/10.1111/1475-6765.12065.

21 Alexj Lewinson und Ljubow Borussjak, „Fernseher gegen Kühlschrank“, декоder | DEKODER, 8. Januar 2016, https://www.dekoder.org/de/article/fernseher-gegen-kuehlschrank.

22 Juan J. Linz, *Totalitarian and Authoritarian Regimes* (Boulder, CO: Lynne Rienner, 2000), 20–22, 76–78, 162–65.

23 Christian von Soest und Julia Grauvogel, „Identity, Procedures and Performance: How Authoritarian Regimes Legitimize their Rule“, *Contemporary Politics* 23, Nr. 3 (2017): 287–305, https://doi.org/10.1080/13569775.2017.1304319.

24 Grauvogel und von Soest, „Claims to Legitimacy Count“; Marcus Tannenberg u. a., „Claiming the Right to Rule: Regime Legitimation Strategies from 1900 to 2019“, *European Political Science Review* 13, Nr. 1 (2021): 77–94, https://doi.org/10.1017/S1755773920000363.

25 Jack Goldstone, „Toward a Fourth Generation of Revolutionary Theory“, *Annual Review of Political Science* 4 (2001): 139–87; Steven Levitsky und Lucan Way, *Revolution and Dictatorship: The Violent Origins of Durable Authoritarianism* (Princeton, NJ: Princeton University Press, 2022), https://press.princeton.edu/books/hardcover/9780691169521/revolution-and-dictatorship.

26 Grauvogel und von Soest, „Claims to Legitimacy Count“.

27 Kathryn Stoner, „The Putin Myth“, *Journal of Democracy* 34, Nr. 2 (2023): 5–18.

28 Baldwin, *Economic Statecraft*, 198–202.

29 Doxey, *International Sanctions in Contemporary Perspective*, 104–5.

30 Heiko Pleines, „Levada Polls on the Discuss Data Online Platform: Accessing and Discussing Russian Surveys of Public Opinion“, *Russian Analytical Digest (RAD)* 292 (2023): 10, https://doi.org/10.3929/ethz-b-000599408.

31 Timothy Frye, „Economic Sanctions and Public Opinion: Survey Experiments from Russia“, *Comparative Political Studies* 52, Nr. 7 (2019): 967–94, https://doi.org/10.1177/0010414018806530; Mikhail A Alexseev und Henry E Hale, „Crimea Come What May: Do Economic Sanctions Backfire Politically?“, *Journal of Peace Research* 57, Nr. 2 (2020): 344–59, https://doi.org/10.1177/0022343319866879.

32 Mikkel Sejersen, „Winning Hearts and Minds with Economic Sanctions? Evidence from a Survey Experiment in Venezuela“, *Foreign Policy Analysis* 17, Nr. 1 (2021): oraa008, https://doi.org/10.1093/fpa/oraa008.

7 Nicht alle Diktatoren sind gleich: Die verzerrte Anwendung von Sanktionen

1 Christoph Sydow, „Jamal Khashoggi: Uno-Bericht liefert grausame Details zum Mord im Konsulat“, *Der Spiegel*, 19. Juni 2019, https://www.spiegel.de/politik/ausland/jamal-khashoggi-uno-bericht-liefert-grausame-details-zum-mord-im-konsulat-a-1273261.html.

2 Amnesty International, „Death Sentences and Executions 2022“ (London: Amnesty International, 2023), https://www.amnesty.org/en/documents/act50/6548/2023/en/.

3 Francisco Toro, „Rash Repression in Venezuela“, New York Times, 24. Februar 2014, https://www.nytimes.com/2014/02/25/opinion/rash-repression-in-venezuela.html.

4 Die Darstellung folgt Sejersen, „Winning Hearts and Minds with Economic Sanctions?“, 8–9.

5 Barack Obama, „Executive Order 13692—Blocking Property and Suspending Entry of Certain Persons Contributing to the Situation in Venezuela“, Government of the United States, 8. März 2015, https://www.govinfo.gov/content/pkg/DCPD-201500159/pdf/DCPD-201500159.pdf.

6 Christian von Soest und Michael Wahman, „Not All Dictators Are Equal: Coups, Fraudulent Elections, and the Selective Targeting of Democratic Sanctions“, *Journal of Peace Research* 52, Nr. 1 (2015): 17–31, https://doi.org/10.1177/0022343314551081; Richard A. Nielsen, „Rewarding Human Rights? Selective Aid Sanctions against Repressive States“, *International Studies Quarterly* 57, Nr. 4 (2013): 791–803, https://doi.org/10.1111/isqu.12049.

7 von Soest und Wahman, „Not All Dictators Are Equal: Coups, Fraudulent Elections, and the Selective Targeting of Democratic Sanctions“.

8 Abel Escribà-Folch, Lala H. Muradova, und Toni Rodon, „The Effects of Autocratic Characteristics on Public Opinion toward Democracy Promotion Policies: A Conjoint Analysis“, *Foreign Policy Analysis* 17, Nr. 1 (2021): oraa016, https://doi.org/10.1093/fpa/oraa016.

9 Taehee Whang, „Playing to the Home Crowd? Symbolic Use of Economic Sanctions in the United States“, *International Studies Quarterly* 55, Nr. 3 (2011): 787–801, https://doi.org/10.1111/j.1468-2478.2011.00668.x.

10 von Soest und Wahman, „Not All Dictators Are Equal: Coups, Fraudulent Elections, and the Selective Targeting of Democratic Sanctions“.

11 Hana Attia und Julia Grauvogel, „Monitoring the Monitor? Selective Responses to Human Rights Transgressions“, *International Studies Quarterly* 67, Nr. 2 (2023): sqad014, https://doi.org/10.1093/isq/sqad014.

12 Für eine eindrückliche Reportage über Sergej Magnitski und Bill Browder siehe Tim Neshitov, „Der Fall Sergej Magnitski – wie ein russischer Anwalt einen gigantischen Steuerbetrug aufdeckte“, SZ Magazin, 11. Februar 2015, https://sz-magazin.sueddeutsche.de/politik/der-kreml-230-millionen-dollar-und-der-unbestechliche-80958.

13 Europäischer Rat, „EU nimmt globale Sanktionsregelung im Bereich der Menschenrechte an“ (Brüssel: Europäischer Rat, 7. Dezember 2020), https://www.consilium.europa.eu/de/press/press-releases/2020/12/07/eu-adopts-a-global-human-rights-sanctions-regime/.

14 European Commission, „Anti-Corruption: Stronger Rules to Fight Corruption“, Text, European Commission, 3. Mai 2023, https://ec.europa.eu/commission/presscorner/detail/en/ip_23_2516.

15 Nicholas L. Miller, „The Secret Success of Nonproliferation Sanctions“, *International Organization* 68, Nr. 4 (2014): 913–44, https://doi.org/10.1017/S0020818314000216.

8 Auf eigene Rechnung: Die (unterschiedlichen) Interessen der USA und Europas

1 Zitiert in: Deutsche Welle, „US-Senatoren drohen Hafen Sassnitz mit ‚vernichtenden Sanktionen‘“, DW.com, 6. August 2020, https://www.dw.com/de/us-senatoren-drohen-hafen-sassnitz-mit-vernichtenden-sanktionen/a-54473552.

2 Deutsche Welle, „US-Senatoren drohen Hafen Sassnitz“.

3 Beide Zitate in: Deutsche Welle, „US-Senatoren drohen Hafen Sassnitz“.

4 Richard M. Nephew, „US Engagement with the EU“, in *International Sanctions: Improving Implementation through Better Interface Management*, hg. von Sascha Lohmann und Judith Vorrath (Berlin: Stiftung Wissenschaft und Politik (SWP), 2021), 41–46, https://www.swp-berlin.org/publications/products/arbeitspapiere/WP_International_Sanctions.pdf.

5 Zarate, *Treasury's War.*

6 Jordan Tama, „Forcing the President's Hand: How the US Congress Shapes Foreign Policy through Sanctions Legislation", *Foreign Policy Analysis* 16, Nr. 3 (2020): 397–416, https://doi.org/10.1093/fpa/orz018.

7 Sigal Mandelker, „Statement of Under Secretary Sigal Mandelker Before the U.S. House Appropriations Subcommittee on Financial Services and General Government", Washington, DC: U.S. Department of the Treasury, 22. März 2019, https://home.treasury.gov/news/press-releases/sm624.

8 Bryan R. Early und Keith A. Preble, „Going Fishing versus Hunting Whales: Explaining Changes in How the US Enforces Economic Sanctions", *Security Studies* 29, Nr. 2 (2020): 233, https://doi.org/10.1080/09636412.2020.1722850.

9 Siehe Demarais, *Backfire*, 100.

10 Amanda Drane, „Houston's SLB Stayed – and Profited – as Other Oilfield Service Companies Left Russia", Houston Chronicle, 6. April 2023, https://www.houstonchronicle.com/business/energy/article/slb-russia-oil-sanctions-pullout-schlumberger-17852566.php; Liz Hampton, „SLB Wins Russia Business as Oilfield Rivals Exit after Ukraine Invasion", *Reuters*, 19. Januar 2023, https://www.reuters.com/markets/commodities/slb-wins-russia-business-oilfield-rivals-exit-after-ukraine-invasion-2023-01-19/.

11 Demarais, *Backfire*, 82–83.

12 Eine hervorragende detaillierte Darstellung findet sich in Demarais, Kapitel 10, 158-175.

13 European Union, „Basic Principles on the Use of Restrictive Measures (Sanctions)" (Brussels: European Union, 2004), https://data.consilium.europa.eu/doc/document/ST-10198-2004-REV-1/en/pdf.

14 Hadewych Hazelzet, „Carrots or Sticks: EU and US Reactions to Human Rights Violations (1989-2000)" (Doctoral dissertation, Florence, European University Institute (EUI), 2001), http://cadmus.eui.eu/handle/1814/7157; kritisch sieht dies Klaus Brummer, „Imposing Sanctions: The Not So 'Normative Power Europe'", *European Foreign Affairs Review* 14, Nr. 2 (2009): 191–207.

15 Alexander Mattelaer, „The CSDP Mission Planning Process of the European Union: Innovations and Shortfalls", *European Integration Online Papers*, 16. August 2010, 7, https://doi.org/10.1695/2010009.

16 Koos Couvée, „Hunt for Russian Wealth Exposes EU's Sanctions Shortcomings", MoneyLaundering.com, 11. April 2022, https://www.moneylaundering.com/news/hunt-for-russian-wealth-exposes-eus-sanctions-shortcomings/?type=free.

17 Henry Foy und Miles Johnson, „Russian Warlord Yevgeny Prigozhin's Mother Wins Appeal against EU Sanctions", *Financial Times*, 8. März 2023, Abschn. War in Ukraine, https://www.ft.com/content/9c27dd22-dbfb-444d-af9f-4d56a8016a06.

18 US Congress, „Cuban Liberty and Democratic Solidarity (LIBERTAD) Act of 1996, Public Law 104-114, 104th Congress“ (1996), https://www.govinfo.gov/content/pkg/STATUTE-110/pdf/STATUTE-110-Pg785.pdf.

19 Hafner, „Völkerrechtliche Grenzen und Wirksamkeit von Sanktionen gegen Völkerrechtssubjekte“, 404.

20 Europäische Kommission, „EU Sanctions Map – United States“, EU Sanctions Map, 7. August 2018, https://www.sanctionsmap.eu/#/main/details/38/?search=%7B%22value%22:%22%22,%22searchType%22:%7B%7D%7D.

21 Europäische Kommission, „Extraterritoriality (Blocking Statute)“, 2022, https://finance.ec.europa.eu/eu-and-world/open-strategic-autonomy/extraterritoriality-blocking-statute_en.

22 FCDO, „The 10 INSTEX Shareholder States Have Decided to Liquidate INSTEX Due to Continued Obstruction from Iran: E3 Statement“, Foreign, Commonwealth and Development Office (FCDO), 9. März 2023, https://www.gov.uk/government/news/the-10-instex-shareholder-states-have-decided-to-liquidate-instex-due-to-continued-obstruction-from-iran; Esfandyar Batmanghelidj, „Iran Trade Mechanism INSTEX Is Shutting Down“, Bourse & Bazaar Foundation, 3. Februar 2023, https://www.bourseandbazaar.com/articles/2023/2/2/instex-shuts-down-in-a-loss-for-european-economic-sovereignty.

23 Sam Fleming und Henry Foy, „EU Strikes Back against China's 'Divide and Conquer' Tactics“, *Financial Times*, 30. März 2023, https://www.ft.com/content/f814ff18-4c05-4589-9879-b0800ac3a4ed.

24 Alan Beattie, „Europe's Aversion to Anti-Coercion“, *Financial Times*, 3. April 2023, https://www.ft.com/content/9b260579-7cb4-44a0-ac6e-ed5ca4908334.

25 Stephanie Baker und Tom Maloney, „Half of Russia's 20 Richest Billionaires Are Not Sanctioned“, *Bloomberg.com*, 30. März 2022, https://www.bloomberg.com/graphics/2022-russian-billionaires-sanctioned-ukraine-war/.

9 Das schärfste Schwert: Finanzsanktionen

1 Zarate, *Treasury's War*; Daniel McDowell, *Bucking the Buck: US Financial Sanctions and the International Backlash against the Dollar* (New York, NY: Oxford University Press, 2023).

2 Christopher Nehring, „Nordkorea in Berlin: Umstrittenes Hostel endgültig geschlossen?“, DW.com, 28. März 2020, https://www.dw.com/de/nordkorea-in-berlin-umstrittenes-hostel-endg%C3%BCltig-geschlossen/a-52948173.

3 Farrell und Newman, „Weaponized Interdependence: How Global Economic Networks Shape State Coercion“.

4 Daniel W. Drezner, „The United States of Sanctions: The Use and Abuse of Economic Coercion“, 15. September 2021.

5 Sylvanus Kwaku Afesorgbor und Renuka Mahadevan, „The Impact of Economic Sanctions on Income Inequality of Target States", *World Development* 83 (2016): 1–11, https://doi.org/10.1016/j.worlddev.2016.03.015.

6 Gordon, „The Not So Targeted Instrument of Asset Freezes"; Erica Moret, „Unilateral and Extraterritorial Sanctions in Crisis: Implications of Their Rising Use and Misuse in Contemporary World Politics", *Research Handbook on Unilateral and Extraterritorial Sanctions*, 17. August 2021, https://www.elgaronline.com/view/edcoll/9781839107849/9781839107849.00009.xml.

10 Gegen Verantwortliche: Putin, Prigoschin, Kim Jong-un

1 *Putin's Palace. History of World's Largest Bribe* (YouTube 2021), https://www.youtube.com/watch?v=ipAnwilMncl.

2 Catherine Belton, *Putins Netz – Wie sich der KGB Russland zurückholte und dann den Westen ins Auge fasste* (Hamburg: HarperCollins, 2022).

3 von Soest, „Individual Sanctions: Toward a New Research Agenda"; Kathryn Sikkink, „From State Responsibility to Individual Criminal Accountability: A New Regulatory Model for Core Human Rights Violations", in *The Politics of Global Regulation*, hg. von Walter Mattli und Ngaire Woods (Princeton, NJ: Princeton University Press, 2009), 121–50.

4 C4ADS, „Sanctions Explorer", Sanctions Explorer – C4ADS, 13. Juli 2023, https://sanctionsexplorer.org/analytics.

5 Peter Wallensteen und Helena Grusell, „Targeting the Right Targets? The UN Use of Individual Sanctions", *Global Governance: A Review of Multilateralism and International Organizations* 18, Nr. 2 (2012): 207–30.

6 Wallensteen und Grusell; von Soest, „Individual Sanctions: Toward a New Research Agenda".

7 Luke Harding, „Sergei Roldugin, the Cellist Who Holds the Key to Tracing Putin's Hidden Fortune", *The Guardian*, 3. April 2016, https://www.theguardian.com/news/2016/apr/03/sergei-roldugin-the-cellist-who-holds-the-key-to-tracing-putins-hidden-fortune.

8 BBC News, „Bankers Convicted of Helping Putin's Friend", *BBC News*, 30. März 2023, https://www.bbc.com/news/world-europe-65123083.

9 Die Darstellung folgt eng der minutiös recherchierten Analyse des Falls bei Demarais, *Backfire*, 87–98.

10 Tagesschau.de, „Oligarch Mordaschow überträgt TUI-Anteile auf seine Frau", tagesschau.de, 18. März 2022, https://www.tagesschau.de/wirtschaft/unternehmen/tui-grossaktionaer-mordaschow-sanktionen-stimmrechte-101.html.

11 Erica Cosgrove, „Examining Targeted Sanctions: Are Travel Bans Effective?“, in *International Sanctions: Between Wars and Words in the Global System*, hg. von Peter Wallensteen und Carina Staibano (Abingdon: Routledge, 2005), 218.

12 Cosgrove, „Examining Targeted Sanctions: Are Travel Bans Effective?“

13 Michael Hann und Matthew Taylor, „Assad's iTunes Emails Show Music Taste from Chris Brown to Right Said Fred“, *The Guardian*, 14. März 2012, https://www.theguardian.com/world/2012/mar/14/assad-itunes-emails-chris-brown.

14 Spiegel, „Nordkorea: So kommt Kim Jong Un trotz Sanktionen an Luxusautos“, *Der Spiegel*, 18. Juli 2019, https://www.spiegel.de/auto/aktuell/nordkorea-so-kommt-kim-jong-un-trotz-sanktionen-an-luxusautos-a-1277729.html.

15 Spiegel, „Nordkorea: So kommt Kim Jong Un trotz Sanktionen an Luxusautos“.

16 Francesco Giumelli u. a., „United in Diversity? A Study on the Implementation of Sanctions in the European Union“, *Politics and Governance* 10, Nr. 1 (2022): 36–46, https://doi.org/10.17645/pag.v10i1.4702.

17 Cosgrove, „Examining Targeted Sanctions: Are Travel Bans Effective?“, 223.

11 Keine wehrlosen Opfer: Schmuggel, Schlupflöcher und Gegensanktionen

1 Christian von Soest und Julia Grauvogel, „Comparing Legitimation Strategies in Post-Soviet Countries“, in *Politics and Legitimacy in Post-Soviet Eurasia*, hg. von Martin Brusis, Joachim Ahrens, und Martin Schulze Wessel (Houndmills, Basingstoke, Hampshire ; New York, NY: Palgrave Macmillan, 2015), 25.

2 Justin Vogt, „The West Versus the Rest: A Conversation With Tim Murithi, Nirupama Rao, and Matias Spektor“, *Foreign Affairs*, 15. Mai 2023, https://www.foreignaffairs.com/podcasts/west-versus-rest-nonaligned-world; Johannes Plagemann und Henrik Maihack, *Wir sind nicht alle: Der globale Süden und die Ignoranz des Westens* (München: C.H. Beck, 2023).

3 United Nations, „General Assembly Adopts Resolution Calling on States not to Recognize Unilateral Coercive Economic Measures“, 16. Oktober 2002, https://press.un.org/en/2002/ga10083.doc.htm; United Nations, „Unilateral Economic Measures as a Means of Political and Economic Coercion against Developing Countries – GA Resolution“, 23. Dezember 2003, https://www.un.org/unispal/document/auto-insert-185535/.

4 Jens Münchrath u. a., „US-Dollar: Warum die Leitwährung so gefährdet ist wie nie zuvor“, *Handelsblatt*, 12. Mai 2023, https://www.handelsblatt.com/finanzen/geldpolitik/us-dollar-warum-die-leitwaehrung-so-gefaehrdet-ist-wie-nie-zuvor/29143110.html.

5 Münchrath u. a., „US-Dollar“.

6 McDowell, *Bucking the Buck*, 158.

7 Demarais, *Backfire*, 131.

8 Münchrath u. a., „US-Dollar".

9 McDowell, *Bucking the Buck*, 159.

10 Robyn Dixon, „Breaking Up with Russia Is Hard for Many Western Firms, despite War", *Washington Post*, 22. April 2023, https://www.washingtonpost.com/world/2023/04/15/western-brands-russia-sanctions-war/.

11 Jonny Tickle [@jonnytickle], „Life with Sanctions and Parallel Imports. My Local Convenience Store in Central Moscow Is Selling Coke from 3 Different Countries at the Same Time – Poland, Hungary and Turkey Https://T.Co/QQliNDQVgB", Tweet, *Twitter*, 18. März 2023, https://twitter.com/jonnytickle/status/1637081304951824384.

12 Dan De Luce, „Iranian Foreign Minister Says Iran Has ‚Ph.D. in Sanctions Busting'", NBC News, 26. April 2019, https://www.nbcnews.com/news/world/trump-pressure-will-fail-because-iran-has-ph-d-sanctions-n998711.

13 Bryan R. Early, *Busted Sanctions: Explaining Why Economic Sanctions Fail* (Stanford, CA: Stanford University Press, 2015); Jin Mun Jeong, „Sanctions-Busting, Material Power, and Institutional Support for Economic Sanctions", *Journal of Conflict Resolution* (2023), 00220027231154450, https://doi.org/10.1177/00220027231154450.

14 Benjamin Bidder, „Ökonom Felbermayr: Die Russlandsanktionen haben Putin nicht gestoppt – im Gegenteil", *Der Spiegel*, 19. April 2023, https://www.spiegel.de/wirtschaft/wladimir-putin-warum-die-russland-sanktionen-den-praesidenten-nicht-stoppen-konnten-a-8c789f5a-7688-4be6-8457-1879d37f21a4.

15 Amanda Khoza, „Russia's Vladimir Putin Invited to Attend Brics Summit in SA, Pandor Confirms", TimesLIVE, 23. März 2023, https://www.timeslive.co.za/politics/2023-03-23-russias-vladimir-putin-invited-to-attend-brics-summit-in-sa-pandor-confirms/.

16 Spiegel, „Deutsche Exporte in Ex-Sowjetrepubliken steigen – um bis zu 950 Prozent", *Der Spiegel*, 16. Mai 2023, https://www.spiegel.de/wirtschaft/unternehmen/deutsche-exporte-in-ex-sowjetrepubliken-steigen-um-bis-zu-950-prozent-a-ee619b00-c361-450a-8b2b-684363f52178.

17 Max Seddon, Chris Cook, und Federica Cocco, „EU Goods Worth at Least $1bn Vanish in Russia 'Ghost Trade'", *Financial Times*, 10. Mai 2023, https://www.ft.com/content/76fc91b2-3494-4022-83d0-9d6647b38e3d.

18 Jan Diesteldorf und Thomas Fromm, „So landen deutsche Produkte in Russland", Süddeutsche.de, 2. Juni 2023, https://www.sueddeutsche.de/wirtschaft/russland-sanktionen-wirkung-aktuell-1.5896859.

19 Seddon, Cook, und Cocco, „EU Goods Worth at Least $1bn Vanish in Russia 'Ghost Trade'".

20 CEPR, „The Impact of EU Sanctions on Russian Imports“ (London/Paris: Centre for Economic Policy Research (CEPR), 29. Mai 2023), https://cepr.org/voxeu/columns/impact-eu-sanctions-russian-imports.

21 Maia Nikoladze, „Russia Sanctions Database“, *Atlantic Council* (blog), 8. September 2022, https://www.atlanticcouncil.org/blogs/econographics/russia-sanctions-database/.

22 Henry Foy und David Sheppard, „EU Urged to Crack Down on Imports of Indian Fuels Made with Russian Oil“, *Financial Times*, 16. Mai 2023, https://www.ft.com/content/ebb851db-6ff6-4334-a47f-dd176b2adf2f.

23 Spiegel, „Brüssel: Josep Borrell kritisiert Treibstoff-Import aus Indien“, *Der Spiegel*, 16. Mai 2023, https://www.spiegel.de/ausland/bruessel-josep-borrell-kritisiert-treibstoff-import-aus-indien-a-eb034ca3-6d1d-4304-825c-413ec30c1ec5.

24 REPO, „Global Advisory on Russian Sanctions Evasion Issued Jointly by the Multilateral REPO Task Force, March 9, 2023“ (Washington, DC: Russian Elites, Proxies, and Oligarchs Task Force (REPO), 2023), https://home.treasury.gov/system/files/136/REPO_Joint_Advisory.pdf.

25 Sam Jones, „G7 Rebukes Switzerland over Russian Sanctions Loopholes“, *Financial Times*, 14. April 2023, https://www.ft.com/content/6fa258e8-f928-4738-808b-df03cb55b16e.

26 Markus Zydra, „Ukraine-Krieg: Die Oligarchen und das Versagen des Westens“, Süddeutsche.de, 11. April 2023, https://www.sueddeutsche.de/wirtschaft/ukraine-russland-sanktionen-eu-oligarchen-1.5792601.

27 James Politi und Chris Cook, „Washington and London Crack Down on Financial Fixers for Russian Oligarchs“, *Financial Times*, 12. April 2023, https://www.ft.com/content/5f783731-b414-4ac1-a5eb-85bb2137a0dd.

28 Keith A. Preble, PhD [@poliscikeith], „The OFAC Enforcement Data Set Created by Me and @B_R_Early Has Been Updated and Now Contains Enforcement Actions (EAs) through 2022. You Can Download the Latest Version from Harvard Dataverse: Https://Doi.Org/10.7910/DVN/TIFRTT /1“, Tweet, *Twitter*, 23. März 2023, https://twitter.com/poliscikeith/status/1638899946370859012; Early und Preble, „Going Fishing versus Hunting Whales“.

29 Andy Bounds, „Brussels Plans Sanctions on Chinese Companies Aiding Russia's War Machine“, *Financial Times*, 7. Mai 2023, https://www.ft.com/content/dc757bea-d7eb-487b-b5d1-1d4360cfb9d5.

30 Angela Cheptea und Carl Gaigné, „Russian Food Embargo and the Lost Trade“, *European Review of Agricultural Economics* 47, Nr. 2 (2020): 684–718, https://doi.org/10.1093/erae/jbz032.

31 Gwendolyn Sasse, *Der Krieg gegen die Ukraine*, 2. Aufl. (München: C.H. Beck, 2022).

32 Matthieu Crozet und Julian Hinz, „Friendly Fire: The Trade Impact of the Russia Sanctions and Counter-Sanctions“, *Economic Policy* 35, Nr. 101 (2020): 97–146, https://doi.org/10.1093/epolic/eiaa006.

33 Masha Hedberg, „The Target Strikes Back: Explaining Countersanctions and Russia's Strategy of Differentiated Retaliation“, *Post-Soviet Affairs* 34, Nr. 1 (2018): 35–54, https://doi.org/10.1080/1060586X.2018.1419623.

34 Crozet und Hinz, „Friendly Fire“.

35 Nicole Malliotakis, „'A Badge of Honor': Malliotakis among Russia-Sanctioned Members of Congress“, Representative Nicole Malliotakis, 14. April 2022, http://malliotakis.house.gov/media/in-the-news/badge-honor-malliotakis-among-russia-sanctioned-members-congress.

12 Die heimliche Sanktionsmacht China

1 Ivar Kolstad, „Too Big to Fault? Effects of the 2010 Nobel Peace Prize on Norwegian Exports to China and Foreign Policy“, *International Political Science Review* 41, Nr. 2 (2020): 207–23, https://doi.org/10.1177/0192512118808610.

2 Thomas Biersteker, „Sanctions against Russia and the Role of the United Nations“, GLOBE (Geneva: Graduate Institute, 2022), 24, https://www.graduateinstitute.ch/sites/internet/files/2022-11/Globe%2030_HYPER%20LIENS_WEB_V2.pdf.

3 Richard Nephew, „China and Economic Sanctions: Where Does Washington Have Leverage?“ (Washington, DC: Brookings, 2019), 2, https://www.brookings.edu/wp-content/uploads/2019/09/FP_20190930_china_economic_sanctions_nephew.pdf. Peter Harrell, Elizabeth Rosenberg, und Edoardo Saravalle, „China's Use of Coercive Economic Measures“ (Washington, DC: Center for a New American Security (CNAS), 2018), https://www.cnas.org/publications/reports/chinas-use-of-coercive-economic-measures.

4 Andreas Fuchs und Nils-Hendrik Klann, „Paying a Visit: The Dalai Lama Effect on International Trade“, *Journal of International Economics* 91, Nr. 1 (2013): 164–77, https://doi.org/10.1016/j.jinteco.2013.04.007.

5 Harrell, Rosenberg, und Saravalle, „China's Use of Coercive Economic Measures“.

6 Anders Fogh Rasmussen, „Counter Chinese Bullying With an 'Economic Article 5'“, *Foreign Policy* (blog), 28. März 2023, https://foreignpolicy.com/2023/03/28/democracy-summit-china-bullying-economic-article-5-nato-sanctions/.

7 Rasmussen, „Counter Chinese Bullying“.

8 Nephew, „China and Economic Sanctions: Where Does Washington Have Leverage?“, 1.

9 Zitiert in: Matthew Parry, „Chinese Counter-Sanctions on EU Targets“ (European Parliamentary Research Service, 2021), https://www.europarl.europa.eu/RegData/etudes/ATAG/2021/690617/EPRS_ATA(2021)690617_EN.pdf.

10 Siehe für Angaben in dem Absatz die Analyse von Francesca Ghiretti, „How China Imposes Sanctions. A Guide to the Evolution of Beijing's New Policy Tool“, MERICS Report (Berlin: Mercator Institute for Chinese Studies (MERICS), 2023), https://merics.org/sites/default/files/2023-06/MERICS%20Report%20How%20China%20imposes%20sanctions.pdf.

11 Kana Inagaki u. a., „US Urges 'Co-Ordinated Action' by G7 against China's Use of Economic Coercion“, *Financial Times*, 11. Mai 2023, https://www.ft.com/content/e7f5e8a1-f84e-4697-a80c-e6bd13b615b4; Drezner, „The United States of Sanctions: The Use and Abuse of Economic Coercion“.

12 Süddeutsche Zeitung, „Niederlande schränken Chip-Technologie-Handel mit China ein“, Süddeutsche.de, 9. März 2023, https://www.sueddeutsche.de/wirtschaft/elektronik-niederlande-schraenken-chip-technologie-handel-mit-china-ein-dpa.urn-newsml-dpa-com-20090101-230309-99-886596.

13 Sina Mainitz, „Mikrochip-Produktion: Gallium und Germanium werden knapp“, ZDF, 4. Juli 2023, https://www.zdf.de/uri/474605f9-18d0-4453-9caf-20bdf3b299a2.

14 Inagaki u. a., „US Urges 'Co-Ordinated Action' by G7 against China's Use of Economic Coercion“.

15 Drezner, „The United States of Sanctions: The Use and Abuse of Economic Coercion“.

13 Sanktionslabor Russland

1 Peter Harrell, „The Limits of Economic Warfare. What Sanctions on Russia Can and Cannot Achieve“, *Foreign Affairs*, 27. März 2023, https://www.foreignaffairs.com/united-states/limits-economic-warfare.

2 Daten: Europäischer Rat, „Zeitleiste – restriktive Maßnahmen der EU gegen Russland aufgrund der Krise in der Ukraine“, Europäischer Rat, 28. Juli 2023, https://www.consilium.europa.eu/de/policies/sanctions/restrictive-measures-against-russia-over-ukraine/history-restrictive-measures-against-russia-over-ukraine/; die Abbildung ist eine aktualisierte und überarbeitete Fassung aus Julia Grauvogel und Christian von Soest, „Erfolg und Grenzen der Sanktionspolitik gegen Russland“, *Aus Politik und Zeitgeschichte (APuZ)* 73, Nr. 10-11/2023 (2023): 33–39, 35, https://www.bpb.de/shop/zeitschriften/apuz/apuz-krieg-in-der-ukraine-2023/518834/erfolg-und-grenzen-der-sanktionspolitik-gegen-russland/.

3 Die Abbildung ist eine aktualisierte Fassung aus Julia Grauvogel und Christian von Soest, „Erfolg und Grenzen der Sanktionspolitik gegen Russland", *Aus Politik und Zeitgeschichte (APuZ)* 73, Nr. 10-11/2023 (2023): 36.

4 FAZ, „Finanzplatz verhängt erstmals seit 44 Jahren Sanktionen", *FAZ.NET*, 28. Februar 2022, https://www.faz.net/aktuell/wirtschaft/finanzplatz-verhaengt-erstmals-seit-44-jahren-sanktionen-17841127.html.

5 Geoff Dyer, „Weaponisation of Finance: How the West Unleashed 'Shock and Awe' on Russia", *Financial Times*, 6. April 2022, https://www.ft.com/content/5b397d6b-bde4-4a8c-b9a4-080485d6c64a.

6 Maria Shagina, „Enforcing Russia's Debt to Ukraine: Constraints and Creativity", *Survival* 65, Nr. 2 (2023): 27–36, https://doi.org/10.1080/00396338.2023.2193094.

7 Laura Dubois, „EU Discusses Plan to Send Profits from €196.6bn of Frozen Russian Assets to Ukraine", *Financial Times*, 24. Mai 2023, https://www.ft.com/content/68af1b50-2088-4128-a2fd-f35cde914eaf.

8 Harrell, „The Limits of Economic Warfare. What Sanctions on Russia Can and Cannot Achieve".

9 Spiegel, „Traditionsmarke Lada schickt Belegschaft in Urlaub", *Der Spiegel*, 30. März 2023, https://www.spiegel.de/wirtschaft/unternehmen/traditionsmarke-lada-schickt-belegschaft-in-urlaub-a-6f118707-a0b2-4e50-bdf9-dc8a55945776.

10 Dr Maria Shagina [@maria_shagina], „The Impact of Tech Sanctions Will Have a Mid- to Long-Term Effect and It's Already Kicking in. For the First Time in Its History, Aeroflot Has Sent Its Aircraft to Iran for Repairs. Lufthansa Technik Used to Provide Repair Services and Supply Spare Parts. Https://T.Co/FYGQgwtxwH", Tweet, *Twitter*, 11. April 2023, https://twitter.com/maria_shagina/status/1645684152250015744.

11 Jens Flottau, „Russland setzt auf heimische Flugzeugproduktion – das birgt Risiken", Süddeutsche.de, 5. April 2023, https://www.sueddeutsche.de/wirtschaft/russland-sanktionen-flugzeuge-produktion-1.5781421.

12 Max Bergmann u. a., „Out of Stock? Assessing the Impact of Sanctions on Russia's Defense Industry", 14. April 2023, https://www.csis.org/analysis/out-stock-assessing-impact-sanctions-russias-defense-industry.

13 Marina Zapf, „Wie der Ukrainekrieg ein Loch in den Kreml-Haushalt reißt", capital.de, 12. Januar 2023, https://www.capital.de/wirtschaft-politik/wie-der-ukrainekrieg-ein-loch-in-den-kreml-haushalt-reisst-33093190.html.

14 FAZ, „Russland baut wegen Ölembargo Schattenflotte aus alten Tankern auf", *FAZ.NET*, 4. Dezember 2022, https://www.faz.net/aktuell/wirtschaft/russland-baut-wegen-oelembargo-schattenflotte-aus-alten-tankern-auf-18508491.html; Marcus Schreiber, „Wer einen Ölpreisdeckel will, muss auch ‚Nein' sagen können", Handelsblatt, 8. Juli 2022, https://www.handelsblatt.com/meinung/gastbeitraege/gastkommentar-putin-macht-mit-weniger-oel-export-mehr-geld-als-vor-dem-krieg-so-liesse-sich-das-verhindern/28477940.html.

15 Spiegel, „Russland: Öl- und Gaseinnahmen brechen offenbar ein", *Der Spiegel*, 4. März 2023, https://www.spiegel.de/wirtschaft/russlands-oel-und-gaseinnahmen-brechen-offenbar-ein-a-86c3f6e1-d831-4f63-abb3-be82c4b45549.

16 Department of Justice, „Attorney General Merrick B. Garland Announces Launch of Task Force KleptoCapture", 2. März 2022, https://www.justice.gov/opa/pr/attorney-general-merrick-b-garland-announces-launch-task-force-kleptocapture.

17 Sonnenfeld u. a., „Business Retreats and Sanctions Are Crippling the Russian Economy".

18 Harrell, „The Limits of Economic Warfare. What Sanctions on Russia Can and Cannot Achieve".

19 Europäischer Rat, „EU verabschiedet neues Maßnahmenpaket als Reaktion auf die militärische Aggression Russlands gegen die Ukraine" https://www.consilium.europa.eu/de/press/press-releases/2022/02/28/eu-adopts-new-set-of-measures-to-respond-to-russia-s-military-aggression-against-ukraine/.

14 Fazit: Zwischen Worten und Waffen

1 Hufbauer u. a., *Economic Sanctions Reconsidered*, ix, 67–68.

2 Spiegel, „Krieg in der Ukraine: Mehrheit der Deutschen befürwortet Russlandsanktionen", *Der Spiegel*, 26. Mai 2023, https://www.spiegel.de/politik/deutschland/krieg-in-der-ukraine-mehrheit-der-deutschen-befuerwortet-russland-sanktionen-a-59be74ef-d4a6-464f-b30b-31993af01ea8.

3 Jana Puglierin und Pawel Zerka, „Keeping America Close, Russia Down, and China Far Away: How Europeans Navigate a Competitive World", Policy Brief (London: European Council on Foreign Relations (ECFR), 2023), 7, https://ecfr.eu/wp-content/uploads/2023/06/Keeping-America-close-Russia-down-and-China-far-away-How-Europeans-navigate-a-competitive-world-published.pdf.

4 H. E. Goemans, *War and Punishment: The Causes of War Termination and the First World War* (Princeton, NJ: Princeton University Press, 2000), https://www.jstor.org/stable/j.ctt7t9bn; Thomas J. Biersteker und Zuzana Hudáková, „UN Sanctions and Peace Negotiations: Possibilities for Complementarity", Oslo Forum Papers (Geneva: Centre for Humanitarian Dialogue, 2015).

5 Harrell, „The Limits of Economic Warfare. What Sanctions on Russia Can and Cannot Achieve“; Drezner, „The United States of Sanctions: The Use and Abuse of Economic Coercion“.

6 Nikolay Marinov und Shmuel Nili, „Sanctions and Democracy“, *International Interactions* 41, Nr. 4 (2015): 765–78, https://doi.org/10.1080/03050629.2015.1036723.

7 Marinov und Nili, 8.

15 Wie weiter mit Sanktionen? Sieben Empfehlungen

1 Süddeutsche Zeitung, „EU verhängt Sanktionen gegen China“, Süddeutsche.de, 22. März 2021, https://www.sueddeutsche.de/politik/china-eu-sanktionen-menschenrechtsverletzungen-1.5242785.

2 Siehe McDowell, *Bucking the Buck*, 160–61.

3 Drezner, „The United States of Sanctions: The Use and Abuse of Economic Coercion“, 154.

4 Harrell, „The Limits of Economic Warfare. What Sanctions on Russia Can and Cannot Achieve“.

5 Demarais, *Backfire*, 197.

6 Hana Attia, Julia Grauvogel, und Christian von Soest, „The Termination of International Sanctions: Explaining Target Compliance and Sender Capitulation“, *European Economic Review*, (2020), 103565, https://doi.org/10.1016/j.euroecorev.2020.103565; Hana Attia und Julia Grauvogel, „International Sanctions Termination, 1990–2018: Introducing the IST Dataset“, *Journal of Peace Research* 60, Nr. 4 (2023): 709–19, https://doi.org/10.1177/00223433221087080.

7 Attia und Grauvogel, „International Sanctions Termination, 1990–2018“, 709–10.

8 Gutmann, Neuenkirch, und Neumeier, „The Impact of Economic Sanctions on Target Countries: A Review of the Empirical Evidence“.

Register

Über den Autor

Christian von Soest ist Leiter des Forschungsschwerpunkts „Frieden und Sicherheit“ am German Institute for Global and Area Studies / Leibniz-Institut für Globale und Regionale Studien (GIGA) in Hamburg und Mitarbeiter des GIGA Büros Berlin. Der Politikwissenschaftler hat mehrere Forschungsprojekte zur Wirkung von internationalen Sanktionen geleitet. Christian von Soest ist zudem Honorarprofessor an der Georg-August-Universität Göttingen.